STEFAN BLANKERTZ | Wortmetz | Lyrik und Politik für Toleranz und gegen Gewalt | die »Schule der Atheisten«, Jahrgang 1972, mit Erfolg besucht | praktiziert ansonsten als neoliberaler Kulturmarxist.

Stefan Blankertz

Was kann Literatur?

edition g.
215

Originalausgabe
Herstellung und Verlag:
BoD – Books on Demand, Norderstedt
© 2021 by Stefan Blankertz
Umschlagfoto: fotografa/Marten, 2021
editiongpunkt.de
ISBN 978-3-7557-3357-7

INHALT

Nur klare Köpfe stiften Verwirrung.
Felicitas Hoppe

DISCLAIMER

Achtung, der folgende Text enthält Produktwerbung, die als solche mal gekennzeichnet, meist aber nicht gekennzeichnet ist. Indem Sie ihn lesen, stimmen Sie dem zu. Falls Sie dem nicht zustimmen, hat die allwissende, allmächtige und allgütige DSGVO dafür Vorsorge getroffen, dass dies Buch sich vor Ihren Augen in Nichts verwandeln wird, um Ihr geistiges und körperliches Wohl zu erhalten und um das »Ihr-Wille-Geschehe« zu garantieren; seien Sie also umsichtig mit Ihren Gedanken, wenn Sie Ihrer Investition in dieses Meisternaschwerk nicht verlustig gehen wollen. Zudem zeigt die Bundeszentrale für politische Bildung im Auftrag des Zentrums für Politische Hässlichkeit sich besorgt über die Abweichungen von der herrschenden Meinung (Meinung der Herrschenden), denen der Autor anscheinend hier und da Ausdruck verleiht. Besonders seine Weigerung, weisungsgemäß einen gendertheatralisierenden Spracher zu nutzen, erregt öffentliches Ärgernis.*

---

* Wenn Sie sich mal so richtig *durchgendern* lassen wollen, empfehle ich Ihnen meine *Sappho, gegendert* (edition g. 212).

Dank an Mike Neff & Michael Everson für die Klingonische Schrift in SIL Open Font License.

... aus dem Weltraum | Text S. 12 # 11

SEEMANNSFARN

1

FROMMER WUNSCH. — Literatur ist anti-autoritär. Sie schreibt dir nicht vor, was du sehen sollst. Sie vermag es nicht, selbst wenn der Wortmetz es wollte.

2

FROMME LÜGE. — Warum ich Wortmetz bin. Als Steinmetz wüsste ich nicht das auszudrücken, was ich zu sagen habe.

3

Jeder Gedanke bedarf des richtigen Stifts. Füller. Kuli. (Den einen oder den anderen Kuli. Werbekulis mit Aufdruck meist nicht. Manchmal aber doch.) Bleistift. (Erst kürzlich habe ich ihn entdeckt, einen Druckbleistift mit Ratzefummel hinten dran, aus Japan, eigentlich bestimmt, Mangas zu zeichnen. Früher hasste ich das Kratzen der Mine auf dem Papier; das Japanplastik liegt exotisch geschmeidig in der Hand. Den Füller hasste ich seit meiner Grundschulzeit, da ich mich mit ihm regelmäßig einsaute und dafür von der ganz und gar nicht japanisch, eher noch kaukasisch [Sehhilfe für Phantasiebefreite: hohe Backenknochen] aussehenden Lehrerin vor der Klasse bloßgestellt wurde. Bis eine schreibende Nachhilfelehrerin für Kinder mit Lese-Rechtschreib-Schwäche mir, da war ich schon fünfzig, zeigte, wie man einen Füller richtig hält und führt.) Schreibmaschine. (Seit 2014 besitze ich wieder eine. Ich nenne sie liebevoll *»das Monster«*.) Tastatur. Wortverklebte Pinsel hingegen finden sich nicht im Repertoire. Nur Klamotten als Steinstaubfänger.

4

Der Maler beschreibt (selbst wenn es seiner Phantasie entspringt), was ist. Der Wortmetz skizziert (selbst wenn seine Skizze eine Chronik der laufenden Ereignisse verzeichnet), was sein könnte.

5

Das gemetzte Wort ist nicht Schall und macht nicht viel Rauch um Nichts. Es verhallt nicht. Es verbrennt nicht. Es verbleibt.

6

Man schreibt nicht, weil man »will«, vielmehr weil man muss (☞ S. 104). Aber man muss nicht schreiben. Das ist wie mit dem Trinken. Wenn man nicht trinken würde, würde man sterben. Aber manchmal trinkt man auch aus Lust. Und manchmal aus Frust. Manchmal über den Durst.

8

YOU HAVE BEEN WARNED. — Natürlich wäre ich lieber gefeierte Rockstar als unerhörter Wortmetz. Aber erfolgreicher Wortmetz wäre auch nicht schlecht, oder? Der Scheißhaufen ist gemacht. Der gemachte Mann allerdings schwimmt im Geld. Bekanntlich stinkt Geld nicht.

9

Ich lese Bücher, um Anregungen zu kriegen, – Bücher zu machen. Ich kann keine Texte schreiben, ohne zu überlegen, wie daraus ein Buch werden könnte. Besser wären natürlich Erster-Mund-Erfahrungen.

WORTMEISSEL 1: *Starterkit*. — Keine Klumpen von Vorsilben wie (*boah*, das werden ja immer mehr:) ab-, an-, auf-, außer-, be-, bis-, da(r)-, durch-, ent-, er-, her-, hin-, mit-, so-, über-, um-, un-, unter-, ver-, vor-, weg-, zer-. Nicht zwei gleiche Präpositionen in einem Satz wie (*boah*, wie die meisten sich gleichen:) ab, an, auf, außer, bis, da, durch, her, hin, in, mit, nach, neben, über, um, unter, vor, zu. Beides nur, wenn ein inhaltlicher Grund vorliegt. Zwei Verneinungen in einem Satz vermeiden. Alliterationen nur dort, wo sie etwas bedeuten. Aneinanderreihungen von Relativ-, Infinitiv- und Dass-Sätzen vermeiden; auch Weil- und Wenn-Sätze sind, wenn sie gehäuft auftreten, gefährlich; *als* in temporaler vs. komparativer Bedeutung sind bisweilen die Pest. Die Anhäufung und parataktische Stellung von Hilfszeitworten vermeiden, es sei denn, die Parataxis trägt einen Sinn. Das rückbezügliche *sich* möglichst dem Subjekt nachstellen, auf das es sich bezieht; *natürlich* nur dann verwenden, wenn es wirklich um Natur geht; *bekommen* durch *kriegen* ersetzen (besagte Grundschullehrerin kriegt sich kaum noch ein), wenn es nicht um ein beiderseitig gewolltes Geschenk geht. Den Genitiv von *Staat* immer ohne »e« zwischen dem »t« und dem »s«; dann liest das Wort sich vor- und rückwärts gleich und das harte »ts« drückt die Gewalt aus. So hat der Wortmetz allerhand zu tun. Lange habe ich damit zu tun, so lange an Formulierungen zu feilen, bis keine blöden Trennungen, Trennungen außerhalb von Wortfugen, entstehen. Das geht natürlich nur, wenn der Autor auch der Setzer ist: Meine Bücher blenden die optische Dimension nicht aus.

Wie schwierig das auch ist, es klappt besser, als darauf zu »achten«, keine Klischees zu benutzen oder dass keine unbeabsichtigten Dreckfehler *(sic)* drin sind. Horror. Tatsächlich hatte ich eben noch mit dem Gedanken gespielt, wie mann aus den Backen- Beckenknochen macht. Aber *das* ist sie nicht wert.

Weitere Obsessionen betreffen das Retten des Genitivs, des Konjunktivs, des Präteritums, des Semikolons sowie sonstiger bedrohter Arten, das Ordnen von Aufzählungen nach Alphabet und (konkurrierend) Länge (in ästhetisch ansprechender Form) oder historischem Auftreten. Bei zusammengesetzten Worten sollten die gleichen Worte nicht in der gleichen Reihenfolge erscheinen, *Staatsgewollt* und *Staatshaushalt* geht nicht zusammen (anstanddessen *Staatshaushalt* und *Gewalt des Staats*), gesamtgesellschaftlich und gesellschaftskonform indessen schon.

11

Die Träume einer Nacht haben alle das gleiche Thema, wie verborgen auch immer, behauptet Sigmund Freud. Das Thema eines Künstlers, ob Stein- oder Wortmetz oder Filmemacher, bleibt ein Leben lang gleich: Wir leben einen Traum. Wir leben im Traum.

12

Bei einem Theorietext muss mir die Botschaft, jedenfalls die vordergründige oder oberflächliche, bewusst sein. Bei einer Dichtung darf mir gerade die vordergründige und oberflächliche Botschaft nicht bewusst sein, muss sie aus der unbetretbaren und schalldicht abgedichteten No-Go-Area des Verdrängten herüberschallen.

13

Aura ist die gendsiegerechte Form von *Aurum*. Literarisch und ökonomisch zahlt das sich nicht aus. Nur politisch. Das ist nicht wach, nur *woke* (genderungerecht: ERWacht).

Die fortschrittliche Bourgeoisie, die gegen das Werben auch und gerade in der Kunst auftritt, weil sie das an den von ihr verkannten, demzufolge so gefürchteten Markt erinnert, lässt nur die Werke gelten, die den populistischen Passierschein der herrschenden Meinung (Meinung der Herrschenden) bereits besitzen. Der unerkannte Künstler kommt ihnen gefährlich. Handke durfte mit unkorrekten Ansichten provozieren und wurde mit dem Nobelpreis geadelt. Für alle anderen bedeutet *politically unkorrekt* zu sein das Aus.

Den Wunsch nach Anonymität kann nur haben, auf dem ihr Fluch nicht (mehr) lastet. Er ist heuchlerische Geste des Erfolgsverwöhnten.

UNSPEZIFISCHE GEWISSHEIT (Hilde Domin). — In zuckerreduzierten JOGhurt mische ich etwas Aprikosenmarmelade. So muss Lyrik.

Die Verallgemeinerungen – auch ich befleißige mich ihrer – »die« Kunst, »die« Literatur, »die« Lyrik seien *notwendig, widerständig, tröstend* oder was an Gutem (Bösem) oder an Schönem (Hässlichem) wir im Kanon singen, – aber dann lesen wir einen Blut-und-Hoden-Roman, eine Ode auf Stalin, stehen der Skulptur eines atheistischen geheiligten Massenmörders gegenüber … Was dann? Was jetzt? Man überlege … Eine *Zeitkonserve* sei das Gedicht, sagt Hilde Domin. Aber was, wenn es das absolut – oder meinethalben auch: banal – Böse konserviert?

Wer »Literatur« sagt, jeder andere wie ich, meint damit das, was er kennt. Alle Literatur kann keiner kennen, schon die publizierte nicht, unpublizierte per Definition nicht. Nicht nur das. Er meint auch die »gute« Literatur; selbst wenn er einzelne ihrer Vertreter nicht gut findet oder aus guten (schlechten?) Gründen kritisiert, ist es ihm um jene Literatur zu tun, die »zählt«. Niemand schreibt über das, was er als irrelevant einstuft. Bis hierher mag es trivial klingen, führt freilich in die zwar oft gestellte, zeitdem aber meines Wissens nie überzeugend beantwortete Frage: Was sind die Kriterien? Die Kriterien, die gute von schlechter Literatur scheiden, relevante von irrelevanter Literatur? (☞ S. 81 ff.)

19

Das Aperçu fragt: *Über Geschmack lässt sich nicht streiten? Doch, über schlechten!* Herzliche Einladung, ich stehe zur Verfügung. Das tiefere Paradox liegt hier begraben: Wenn wir darüber streiten können, was gute/schlechte Literatur sei, sind die von beiden Seiten implizit oder explizit zugrundegelegten Kriterien und Urteile jedenfalls weiterhin strittig zwischen uns, nicht eindeutig, nicht konsensfähig. Wäre auch schlimm, wenn's anders wäre.

20

DEMOK LÄUFT AMOK. — »Nein, es darf keine Privatleute mehr geben …«, notierte 1848 der schweizerische DemokRAT (LITERat?) Gottfried Keller. Später ist er verstummt. Literatur können bloß Privatleute schreiben. Bloß Privatleute lesen. (Soeben habe ich nachgeschaut: ein *Schweizer Demokrat* wird groß-, ein *deutscher Faschist* aber kleingeschrieben. Isso. Fack ju DJ KONRat.)

Von der nahen Ferne schallt es schrill. Vorsommernacht, laue Nacht. Ab und zu Baritöne, zwei, drei Stimmen. Dann, etwas leiser. Wechselreden. Hört sich nicht groß anders an als das Geschnatter, Gefiepse, Gekrächze von Vögeln, bevor die Sonne unterging und bis kurz danach. Natürlich geht es hier wie dort bloß um Sex.

22

Ich bin absolut fixiert auf den späten Nietzsche. Alles von ihm habe ich gelesen, alles, bis auf die *Geburt der Tragödie*. Wagner geht gar nicht. Immer noch nicht. Immer weniger.

23

Gedichte über die Dichtung von Gedichten zu dichten, ist wie Eulen nach Athen zu tragen. Oder dem Teufel Weihwasser als Erfrischungsgetränk unterzujubeln.

24

Kunst kommt von *Können* und die *Dichtung* vom Klempner. Allerdings frage ich mich, wie er das ohne »t« zwischen seinem »p« und seinem »n« hinkriegt; ich höre es so deutlich, dass ich jedes Mal aufs Neue zusammenzucke, wenn die unbestechliche, freilich nicht unfehlbare Word-Rechtschreibprüfung meckert.

Die #24 steht übernatürlich für die Geburt unsres Heillands. Das mag nun die Kunst überfrachten. Doch welche andre Hoffnung haben wir gegenwärtig? Die Religionen sind erneut tief in den Dunst der Staatsgewalt gesunken; was sie sagen, ist erstunken und erlogen; nicht nur 3 x, unendlich verleugnen sie, was ihre Aufgabe sein könnte. Aber sie trauen sich nicht, denn sie schielen nach der Macht. DIE Kunst tut das nicht, DER Künstler aber ‖ *gender trouble* ’21.

#3: *Monster* wg. DIN-A2-Wagen mit Tabulator, mächtig schwer. Könnte ich *Zettel's Traum* drauf träumen (ächte Monsterprodukte s. S. 32-33 & S. 94-100). Aber den gibt's ja schon. *Wortverklebte Pinsel* is'n Plagiat, weiß aber nicht mehr, von wem; der Leser wende sich vergrauenstoll an Plagiatsjäger seines Missvergnügens. #5 Watch out for *ver*-Worte (s. S. 29ff). Apropos ver-/ent- (s. S. 31); bei ver-schlüsselt/ent-schlüsselt klappt's, ¿aber bei ver-schließen und ent-schließen? #3 & #10: das mit der kakaukasischen Lehrerin ist volle Pulle* rassistisch. OK, was tun? Woke! #10: Wortmeißel für Fortgeschrittene s. S. 29ff & S. 117ff. #11: ¿Wir träumen ein Leben? #10 und #21: *nur* nur, wo es um eine negativ bewertete Beschränktheit der Alternativen, *bloß* bloß, wo es um Nacktheit geht (vgl. Etym-Lehre, a. a. O.). * Hier würde ich ja gerne eine sexistische Sigfried-Arno-Verschreibung einschieben, mir fällt jedoch *ums Verrecken* keine ein :-(... *ähm*, ¿meinten Sie: SigMUND?

Hom:age an FB[-K]I

#10: *Pest* als Metapher soll weder die Toten der Pest verharmlosen noch Carola leugnen. {Diese Kautel wurde mir von meiner:m *sensitivity reads:er* (d[i]e:n ich nie konsultiert habe) schärfstens in den wunden Mund verlegt.}

ERSTE FAKE POETIK VORLESUNG

Jetzt habe ich, *ach*, jede Menge Poetik-Vorlesungen aus Frankfurt am Main und andernorts, wo man diese famose Idee kopiert, studiert. Quintessenz: Mich hat niemand eingeladen, eine solche zu halten. Hätte man (noch lieber natürlich: frau) mich eingeladen, dann würde ich, meines lyrischen Zentrums, der Klage über Nichtbeachtung, beraubt, vielleicht gar nichts mehr zu sagen-klagen haben, wer weiß? Also was Neues aushecken. Wird auch höchste Zeit. Das Gejammer nervt echt tierisch, mich genauso wie meine nicht vorhandenen Leser. (Hier, bitte, noch eine witzige geheitriggerte Analyse von »vorhanden« einfügen. Einen Lacher soll man nie verschmähen, selbst wo man sich auf dem Holzweg befindet.)

Vielleicht würde ich mit Arno Schmidt beginnen, den ich in keiner der von mir konsultierten Poetik-Verlesungen auch nur erwähnt fand. Von ihm übernehme ich meine Berufsbezeichnung »Wortmetz«, woran Sie ablesen können, dass er enge Bedeutung für mich hat. Dies dürfen Sie ihm gern zu seinen Ungunsten auslegen. (An dieser Stelle möge der Teleprompter dem Publikum erneut »Lachen!« anzeigen. Das geht ja Schlag auf Schlag, ein Kalauer jagt den nächsten.)

1

Arno Schmidt träumte, so würde ich meine Fake Politik Verlesung ziemlich konventionell beginnen, zwei widersprüchliche Träume in formaler Hinsicht des Schreibens, nämlich *erstens* mit dem beschränkten Zeichenarsenal lateinischer Buchstabenschrift die natürliche Sprechweise nachahmen zu können

und *zweitens* mit der Hilfe von gezielten Verschreibungen das (sexuelle) Unbewusste hinter den Worten sichtbar zu machen.

Ein Beispiel aus Schmidts Opus Magnum *Zettel's Traum* für beide Träume ist (hier bedürfte es einer Einblendung auf der Projektionswand hinter mir): Bei dem kauzigen Literaten Daniel (»Dän«) Pagenstecher schlagen ein befreundetes Übersetzerpaar als Gäste auf, nebst Tochter Franziska, die sich unsterblich in Dän verlieben soll-will. Was trägt sie?, natürlich einen `Pleas'see=Rock`, wie auf der ersten Seite mitgeteilt wird. Aus dem französischen »Plissee« für Faltenstoff, der in den 1960er Jahren für als sexy geltende Röcke Verwendung fand, wird über die lautmalerische Schreibweise das englische »please, see«: Seht her auf meine Beine! Hier halten beide Träume Arno Schmidts (im Vortrag würde ich sie natürlich erneut benennen) glücklich Händchen.

Nebenbemerkung für die Regie: Die Beispiele müssen selbstredend aus dem mit Schreibmaschine geschriebenen Original stammen, nicht aus der dankenswerterweise mit viel Mühe später gesetzten Fassung, die zwar leichter lesbar ist (ich muss gestehen, dass ich sie bisweilen auch zu Rate ziehe), aber viel weniger Flair hat. Zudem muss ich gestehen, dass ich leider nur die verkleinerte Ausgabe des Originals und nicht das Original selber besitze.

In der Vorlesung würde ich selbstredend mit zahllosen weiteren Beispielen aufwarten und mich damit großtun, dass ich sie umgehend zu entschlüsseln verstehe. Denn ich habe mich gut vorbereitet. Dumme Zwischenfragen lasse ich nicht zu oder ich fege sie arrogant beiseite. Stattdessen

lasse ich mich lang und breit über die Entstehungs-
geschichte von *Zettel's Traum* und gewisse Aspekte der
kaum vorhandenen Storyline dieses »Romans« aus; alles
das erspare ich Ihnen hier.

Die beiden Strategien (ein erneuter Anlass, sie zu benennen) widersprechen sich trotz der gezeigten Möglichkeit, dass sie kurzerhand mal eine Buhlschaft miteinander
haben können; denn die erste Strategie zielt auf den Umgangston, die zweite hingegen auf eine radikale Abkehr
von diesem Umgangston. Der Sinn des Umgangstons besteht, wie Arno Schmidt als Freudindianer wohl wusste,
darin, den verdeckten Sinn verdeckt zu halten.

Keine Poetik Verlesung ohne Selbstbeweihräucherung;
in der Hinsicht hat es Hilde Domin 1987/88 in Frankfurt
am Main am weitesten getrieben, aber auf eine geradezu
liebenswert putzige Art. Also an dieser Stelle die Selbst-
werbeeinblendung (die jeder Künstler, der »die« Werbung
als kapitalistisches Teufelszeug verteufelt, beherrscht):
Ein Gedankenexperiment zu einer Sprache, die keinen
verdeckten Sinn kennt und dem Gesprächspartner die
nackte Gedankenwelt eröffnet, habe ich in der *Schule der
Gedankenleser* vorgelegt. Hauptperson des Romans ist ein
Teenager auf der Suche nach Liebe und Sex, wobei er
seine Liebe schon Arno Schmidt versprochen hat, aber danach hungert, ihm untreu werden zu können. Es stellt sich
heraus, dass er ein Talent zum Gedankenlesen hat und
von dem Leiter eines Internats für Gedankenleser nicht
ganz freiwillig einkassiert wird. Wie es auf der Schule der
Gedankenleser zugeht, wo man nichts verbergen kann,
obwohl man jede Menge hinterm Berg halten möchte, das
müssen Sie schon selber lesen. (Der Leiter des Internats
heißt übrigens Berg. Witz komm raus, du bist umzingelt.
Hier hilft nichtmal der Teleprompter.)

Sind mithin die beiden Aspekte, den Umgangston zu treffen und zugleich ihm auf die Schliche seines sexuellen Hintersinns zu kommen, bereits anspruchsvoll und widersprüchlich genug, gibt es noch weitere Sisyphossteine, die der geniale Arno Schmidt dem Leser in den Weg rollt. So ist er davon besessen, uns fortwährend belehren zu wollen – etwa darüber, dass wir unbedingt Atheisten sein/werden sollten; darüber, dass wir nicht die populären falschen (schlechten) Autoren gut zu finden hätten wie etwa den ollen Goethe; nicht zuletzt darüber, dass seine Strategie, den sexuellen Hinter-, Unter- oder Oberton der Worte zu verdeutschlichen, keine literarische Masche sei, vielmehr eine ernstzunehmende sprachwissenschaftliche Wahrheit: Jedes Wort habe zwar nicht fraglos eine sexuelle Etymologie, aber ein sexuelles Etym ('ne sexuelle KONNotration, würde man land*läufig* sagen).

Und zu guter oder schlechter Lätzt rächt er sich, weil er nicht genügend Be-*wund*-er{innen fand und die wenigen Bewunderinnern, die er fand, nicht allen seinen Kapriolen Folge leisteten, dadurch, dass er seinen Wortskulpturen zunehmend eine Rätselgestalt aufsphinxt, Rätsel, die teilweise Interessantes dem offenbaren, der sie k?nackt, allerdings mitmunter nichts weiter sind als eine komplizierte Form des Kreuzworträtesels für Eingeweihte und für die extremste Sorte bbw, Halbbildungswürger.

2

Nach Arno Schmidt ist Juan Carlos Onetti dran. Ich weiß noch nicht recht, wie ich ihn angehen soll. Die Liebe zu Onetti ist so jung, dieses Frühjahr, obgleich ich ihn viel früher kennen gelernt habe, 2009, als die *Die Welt des Juan Carlos Onetti* von Mario Vargas Llosa, meinem Lieblingsautor schlechthin, auf deutsch erschienen ist (ich würde ja gerne damit prahlen, dass ich ihn im Original lese; ¿doch wer würde mir das abnehmen?). Damals befeuerte mich die Roman-Theorie von MVLl, der Roman sei die »Wirklichkeit der Lüge«, also würde die Lüge (– da Fiktion –) präsentieren, als sei sie die Wirklichkeit. Als ob.

In *Das böse Mädchen*, nicht bloß einer der meinem Urteil nach besten Romane von MVLl, vielmehr einer der für mich guthin besten Romane überhaupt, gibt es eine Stelle, die mich »geärgert« hat, und dieses Mich-Ärgern über die Stelle ist ein Beweis für die Stichhaltigkeit der Theorie von MVLl. Der Ich-Erzähler in dem Roman verzehrt sich nach seiner unerwiderten Jugendliebe, dem bösen Mädchen. Die Jahre ziehen ins Land, bis es ihm gelingt, das erste Mal mit ihr Sex zu haben. Der Roman erzählt nicht, wann und wo und wie und wieviel Sex er sonst so hatte, sodass der Eindruck entsteht, der zwar noch junge, aber inzwischen doch erwachsene Mann sei sexuell unbefleckt oder nahezu unbeleckt. Nun hat er h¡mmlischen Sex, von null aufs Ganze. Das sei ja ziemlich unrealistisch, fand ich, denn zu gutem Sex gehört schon auch etwas Erfahrung, ganz abgesehen davon, dass bei Männern, die keinen Sex haben, selbst in frühen Jahren der für Sex notwendige Testosteron-Spiegel gefährlich talwärts geht und in die Bereiche, wo dann nichts mehr läuft {Angabe unter aller Kanone, lt. DSGVA; A wie in V*r*rsch*, *die*. O heilige_r Bimbam.} Mein Ärgern über den Text war also ein Ärgern darüber, dass er »unrealistisch« sei.

Inzwischen habe ich MVLls Romantheorie in sofern relativiert, dass sie eine gute Ergänzung darstellt, aber nicht alles. Und dazu hat ausgerechnet Onetti beigetragen, an dem MVLl seine Theorie so wunderbar exemplifiziert. Onetti ist es oftmals gerade darum zu tun, dass der Leser den fiktionalen Charakter seiner Geschichte doppelt und dreifach aufs Brot geschmiert kriegt. Viele der Fiktionen Onettis spielen in dem schnell wachsenden Städtchen Santa María. Santa María hat Juan María Brausen sich ausgedacht, der miese Typ aus Onettis Roman *Das kurze Leben*. Brausen ist ein Taugenichts, herzlos zu seiner Frau, die gerade eine schwere Operation hinter sich hat, brutal zu seiner Nachbarin, einer Hure (allerdings wird niemals klar, ob er sich die ganze Sache mit der Nachbarin nicht bloß ausdenkt), erfolglos in seinem Job als Werbetexter. Er soll die Storyline einer Telenovela schreiben, die für Produktwerbung nutzbar ist, und denkt sich eben jenes Städtchen aus, schreibt freilich keine Zeile. Stattdessen verbringt er viel Zeit in der erdachten Stadt, identifiziert sich mit dem konservativen Arzt, der zu den Honoratioren der Stadt gehört. In späteren Romanen und Novellen von Onetti ist Brausen zum Gründer und schließlich gar Gottvater der Stadt aufgestiegen. Aber immer wieder scheint der fiktionale Charakter der Stadt durch, ja, teils wird er von den in ihr handelnden Personen diskutiert (z. B. in *Die Werft*). Onetti sorgt dafür, dass der Leser gerade nicht an eine Wahrheit der Lüge glaubt.

Zurück zur Autobibliographie. Das erste, was ich von Onetti las, war *Für diese Nacht*. So etwas Geniales hatte ich bis dahin nicht gelesen. Der Protagonist des Romans ist auf der Flucht. Vor was, weiß man nicht. Vage vermutet man einen Bürger- oder einen Bandenkrieg im Hintergrund. Der Protagonist hat die vage Chance zu einer Flucht mit einem Schiff und begibt sich zum Hafen, aber nicht direkt dorthin. Er bleibt hier und da hängen, spricht mit diesem und jenem. Man weiß nicht, wer seine Freunde und wer seine Feinde sind. Er weiß es noch viel weniger. Man weiß nicht, warum er wohin geht und dann verharrt oder weiterzieht. Er weiß es noch viel weniger. Alles bleibt im Dunkeln, doch rastlos folgt man dem Protagonisten, um am Ende nicht schlauer zu sein als im Anfang. Franz Kafkas Plots sind hiergegen glasklar und erfreulich durchsichtig.

Dann allerdings las ich *Wenn es nicht mehr wichtig ist*. Es ist Onettis letzter Roman (1993) und der Abschluss der Santa-María-Saga (obgleich Santa María im vorherigen Roman *Lassen wir den Wind sprechen* von einer Feuersbrunst verheert wurde; beruhte vermutlich auf Fake News). Wiewohl ich ihn zwei Mal las, konnte ich mit *Wenn es nicht mehr wichtig ist* schlicht nichts anfangen (*Lassen wir den Wind sprechen* hatte ich ja noch nicht gelesen). Dann begann ich noch, in *Das kurze Leben* zu blättern, war allerdings so abgestoßen von der Hauptfigur, dass ich das Buch nach wenigen Seiten in die Ecke pfefferte; und derart hatte es sich mit Onetti, MVLls Lob für ihn hin oder her.

In diesem Jahr (2021) erst entdeckt ich ihn neu und erst richtig. Ich sollte an einem Story-Wettbewerb teilnehmen zur Reklame für die Idee freier Privatstädte. Diffus konfus kam mir die Schnapsidee, meine libertäre Utopie *Anne R. Chérie*, der Revolution in der »Tomasischen (= Dominikanischen) Republik« der 1960er Jahre, weiterzuspinnen und darzustellen, wie ein deutscher Polizeibeamter sich abmüht, im befreiten, mithin rundum privatisierten Santo Tomás, d. i. Santo Domingo, einen Kriminalfall zu lösen. Die Verwunderung darüber, wie das in einer Stadt ohne Staatsgewalt gelingen kann und gelingt, sollte das Zentrum der Story werden. Im Laufe der Notizen zu der Story wurde aus der Story eine Besprechung, wie sie, wenn sie mir als Buch vorliegen würde, sein könnte. Für *Anne R. Chérie* hatte ich das Pseudonym Karola Tembrins gewählt und so stellte ich mir vor, Karola Tembrins habe ein neuerliches Buch über die »Tomasische Republik« verfasst. Überdies machte ich sie zu einer erfolgreichen Krimiautorin (Freud lässt grüßen). Irgendwie, ich weiß nicht mehr wie, drängte Onetti sich da hinein und mein doppelt fiktiver Roman erhielt den Titel *Wenn es wieder wichtig wird* (dokumentiert weiter hinten als »Experiment 1«), ausgerechnet in Anspielung auf das Onetti-Buch, mit dem ich vor über zehn Jahren nichts hatte anfangen können. Nun leuchtete aus der Erinnerung heraus Seine Herrlichkeit zu mir herüber.

Nach Abschluss der Arbeit an der Private-City-Story begann ich, alles zu lesen, was von Onetti auf Deutsch zu haben ist. Beim Kurzroman *Grab einer Namenlosen* ángelangt, erspürte ich den Impuls, nach langer Abstinenz selbst wieder einen Prosatext zu schreiben. *Grab einer Namenlosen* ist übrigens auch eine ganz harte Nuss für MVLls Romantheorie. Die Novelle spielt nicht nur im sich als fiktiv geouteten Santa María, nein, sie präsentiert die gleiche Geschichte in drei verschiedenen, sich ausschließenden Varianten. (*Grab einer Namenlosen* heißt heute übrigens *Für ein Grab ohne Namen*. Die alte Ausgabe in der Bibliothek Suhrkamp, 1988, ist bibliophil gesehen aber viel schöner als die phantasieamputierte Grauausgabe 2021.)

Der Wunsch, etwas zu schreiben, aber noch nicht zu wissen, was, ist eine erregend quälende Zeit für einen Wortmetz, ein Zustand, über den Andere genügend bereits geschrieben und geklagt haben. Es war ziemlich kalt für die Jahreszeit und ich wollte meine Gedanken mit einem warmen Bad enteisen. Kaum ins heiße Wasser eingetaucht, durchzuckten mich zwei Stromstöße. Die eine war, für mich drei alternative Biographien zu schreiben, drei, von denen keine zutrifft (das biographische Spiel fasziniert mich, seit ich Max Frischs *Biographie, ein Spiel* in beiden Versionen und sein *Triptychon* kenne); alles ganz kurz und skizzenhaft. Der andere Stromstoß aber war der

Titel, *Canetti Marinetti Onetti*. In der Badewanne des Zugangs zu Wikipedia und anderen abhängig machenden Instantinformationspulvern beraubt, fantasierte ich glatt, Marinetti sei katholischer Theologe gewesen. Die fakebiographische Story sollte mich als Vatermörder in der RAF darstellen, der im Knast von dem vermuteten Theologen Marinetti in Person eines Gefängnispfarrers zur katholischen Theologie verführt wird. Doch, oh Schreck!, wieder am trockenen Land mit Anschluss an stromhaltige Drogen stellte sich heraus, dass es zwar einen Verlag mit Namen Marietti gibt, in dem Werke des heiligen Thomas erschienen sind, und einen Theologen Jacques Maritain, die mein Gehirn irgendwie ineinander gewurstelt hatte zu Filippo Tommasio Marinetti, den beileibe nicht frommen Futuristen-Faschisten. Titel und Story ließen sich nicht mehr ändern, der Blitz hatte sie mir ins Gehirn gebrannt, dafür mussten die Ausführung der Storyline und der Stil gegenüber den ersten Halluzinationen deutlich modifiziert werden. Ich selber bin mit *Canetti Marinetti Onetti* inzwischen happy-end-mäßig glücklich, aber zwischendurch haben mich die Zweifel gepackt, aus denen diese Fake Poetik Vorlesung und das ganze Drumherum hervorgegangen sind. (Ist es zu viel verlangt, an dieser Stelle Zwischenapplaus einzublenden?)

3

Nicht »natürlich«, sondern übernatürlich müssen es stets drei sein (oder, wenn die Beschränkung auf drei ein allzu enges Korsett ist – was für eine outdated Metapher, selbst für meinereiner –, 12 bzw. ein Vielfaches davon). Nun, der dritte im Bunde, den ich in meiner Fake Poetik Vorlesung behandeln würde, wäre gar kein Literat, davon weit entfernt: Christian Sigrist. Obzwar er es sicherlich abgelehnt hätte, gilt für ihn Paul K. Feyerabends Diktum von der *Wissenschaft als Kunst.* Christian war skeptisch gegenüber PKFs dadaistischem Wissenschaftsverständnis; ich sage hier nicht »anarchistischem« Wissenschaftsverständnis, denn PKF hatte nach einem Gspusi mit der Anarchie in einem kurzen Sommer rasch gemerkt, was für Ordnungsfreaks die Anarchisten sind, *Anarchie ist höchster Ausdruck der Ordnung, spontane Ordnung, Anarchie als Hort des Rechts* und so weiter und so fort, nicht zuletzt Christians *regulierte Anarchie.* Einen Wissenschaftler als Lyriker im tieferen Sinne vorzustellen, wäre sicherlich unkonventionell für eine Poetik Vorlesung und würde mir die eine oder andere lobende oder weniger lobende Erwähnung am Rande in der etablierten Presse sichern (die etablierte Presse, die wir zu verachten vorgeben, auf die wir aber immer sehnsüchtig schielen; *die Fähe und ihr saurer Trauber*, Sie kennen das: Kenner-Gelächter, vereinzelt).

Ich beschreibe, wie Christian – indem ich ihn beharrlich bei seinem Rufnamen nenne, würde ich meine Nähe zu ihm suggerieren; aber immerhin, er ist mein Doktorvater – die Unmasse an ethnografischen Materialien sammelt, sichtet, schichtet, um dann in einem lyrischen Geistesblitz den gemeinsamen Nenner zu finden, die Erzählung der Menschheit vor dem Abtauchen in die Staatsgewalt: Die *Anarchie reguliert sich* nicht aus äußeren, mechanischen Bedingungen, sondern aus dem Willen gegen die Macht. Die gesitteten Wilden haben das gleiche Machtstreben wie die heutigen barbarischen Diener der Staatsgewalt; aber mit Hilfe der verwandtschaftlichen Beistandspflicht (wissenschaftlich: segmentären Opposition) gelingt es ihnen ganz anders als uns, den Willen zur Macht auszutricksen.

Wenn jemand Macht anstrebt und schadet hiermit jemandem (statt die Macht zu dessen Nutzen einzusetzen), erhält der Geschädigte von den Verwandten Beistand. Und – sofern alle mit allen verwandt sind (was gegeben ist in segmentären Gesellschaften) – sogar die Verwandten dessen, der die Macht anstrebt, müssen dem Geschädigten beistehen, denn sie sind schließlich auch mit ihm verwandt. Alles das würde ich breit ausschmücken und mit vielen Beispielen garnieren, das hören Zuhörer gern. Beispiele nicht nur von Christian selber, sondern auch aus der Bibel (Israel in der Zeit der *Richter*), Beispiele von Uwe Wesel (über das *Recht in vorstaatlichen Gesellschaften*), von Pierre Clastres (über wilde *Staatsfeinde*), von Michael van Notten (über das *Recht der Somali*) und von Hermann Amborn (über die *Anarchie als Hort des Rechts*), alles Namen, die ich Ihnen hier und jetzt aus vollem Herzen erspare.

Gewonnen an einem auf Zentralafrika eingeschränkten Gebiet, hat sich erwiesen, dass Christians Intuition für alle prä-staatlichen Gesellschaften rund um den Globus gilt. Vielleicht wird sich in Zukunft erweisen, dass sie für das ganze Weltall gilt, überall dort jedenfalls, wo natürliche Reproduktion und Selbstbewusstsein als Wille gegen die Macht gegeben sind.

Jedenfalls stellte ich mir das so vor im – Achtung, Schleichwerbung!, Cookies naschen (sonst das Weiterlesen an dieser Stelle abbrechen) – *Lamo-Kodex*. Dort begebe ich mich zwar nicht hinaus ins Weltall, sondern umgekehrt in die Innenwelt. Die Erde sei hohl. Durch zwei Erdkatastrophen wurden Menschen und Affen in eine wüste, aber so gerade eben lebensermöglichende Innenwelt geschleudert. Anstatt einer verwirrenden ethnischen und geschichtlichen Vielfalt auf der Außenwelt gibt es in der Innenwelt – o, heilige Einfalt der Literatur – nur derer zwei, die unbeherrscht herrschsüchtigen Paisei versus die reguliert anarchischen Hibala, die seit Jahrtausenden im ewigen Clinch miteinander liegen. Das ist letztgültiger empirischer Beweis für Christians Theorie. Mit diesem triumphalen Satz würde ich die Poetik Vorlesung beenden und dann jede Menge Applaus schwarz auf weiß getrost mit nach Hause tragen.

Nein, was ich noch sagen wollte (das reiche ich in der Schriftform der Vorlesung nach): Im Lamo-Kodex tritt auch Christian Sigrist auf, als der Ethnologe Hermann Brause, der einen Kontakt mit den auf die Außenwelt gelangten Leuten der Innenwelt herstellt. Die Figur des Hermann Brause habe ich aus CS und meinem Vater zusammengeschustert.

Ich hoffe, Sie wissen es mir zu danken, dass ich hier nur die kondensierte Form meiner Fake Poetik Vorlesung präsentiere. Ein unendliches Auswalzen, das die konziseste Lyrikerin und der konziseste Lyriker beherrscht (gott* verzeihe mir das Gegendere an dieser Stelle), geht mir gehörig auf den *Sack* (oder ist: ›auf die *Eier*‹ provozierender; oder: ›auf die *Nüsse*‹?).   * oKjGemine!

57 MAL MISSZUVER STEHEN

ver- *(her)*
(sich an jemandem, etwas) vergreifen
[1]verhalten *schüchtern*
(sich) verhalten ([2]auf, [3]zu) *reagieren, -lativieren, OMG*
[1]verkehren (mit) *⁑schlecht Umgang haben*
verlangen (nach) *mangelnde Konfektkontrolle*
(etwas, jefraumanndiversen) ver[na/ar]schen
(etwas) [1]vernehmen *hinhören*
(etwas) [1]versehen (mit) *ausstatten*
vertonen (von) *wortgemetzelte Albträume*
(etwas) [1]verzehren *aufessen*
(sich) [2]verzehren (nach) *etwas, jemanden herbeisehnen*
(etwas) [1]verzeichnen *auflisten*
ver- *(hin)*
(etwas) [1]verfallen (lassen)
(jemandem) [2]verfallen *sich [1]hingeben*
[1]vergriffen (sein) *ausverkauft*
(etwas) [1]verkaufen *größte Sünde des Künstlers*
(ins Gegenteil) [2]verkehren
(etwas, jemanden) [1]verlassen
(etwas) vermachen *hergeben*
(sich, etwas) [1]verraten *preisgeben*
[1]vertreten (sein) *hingehen, dortsein*
(jemanden) [2]vertreten *zeitweise repräsentieren*
verweisen ([1]auf, [2]von) *umleiten, wegjagen*
(jegott⁕dem) verzeihen ☞ *zwei [3]Zeilen weiter unten*
(irgendwohin) [1]verziehen *Wohnungswechsel*
(sich) [2]verziehen *verduften* vs. [3]verziehen (haben)

ver- *(richtig)*

(etwas, sich) verantworten *unpolitische Idiotie*

(sich) verbrüdern *Achtung!, genderungerecht*

(etwas) verkraften *wegstecken*

(sich) ²verlassen *(auf)*

(sich) verlieben *Beginn einer Liebe … be~ !?!?*

(sich) verpflichten *ultradeutsch für › (sich) committen‹*

(jemandem *eine Kur*) ¹verschreiben

(sich etwas) ²verschreiben *sich ²hingeben*

(etwas) ¹versprechen *(mündlich) zusichern*

(etwas, jemanden) verstehen *kommt nicht oft vor*

(etwas) ¹versuchen *probieren*

(etwas) ¹vertreiben *verkaufen*

(etwas) ³vertreten *meinen (doppelplus ungut)*

(sich *die Beine*) ⁴vertreten *spazierengehen*

ver- *(falsch)*

(jemanden) verführen *nicht immer falsch …*

(etwas) vergeigen *auch bei Nichtmusikern peinlich*

(sich) ²vergriffen *(haben an)*

(jemanden) ¹verhören *²vernehmen*

(sich) ²verhören *kann einem doch mal passian*

(jemanden *für blöd*) ²verkaufen

(jemanden) vermöbeln *Ikea is not amused*

(jemanden) ²verraten *fast schön Starrckdeutsch*

(sich) ³verschreiben *falschschreiben*

(sich) verschwören *aus dem Newsdeutschen gestrichen*

(sich) ²versehen *Gegenteil von* verrichten: *vertun*

(sich) ²versprechen *selten: Heiratsversprechen geben*

(jemanden) ²versuchen *auf moralische Abwege locken*

(jemanden) ²vertreiben *psst!: u. U. legitim*

(sich *den Fuß*) ⁵vertreten *umknicken (verdammt)*

(etwas) ²verzeichnen *überzeichnen*

(jemanden) ⁴verziehen *verwöhnen (auch mal fön)*

ver-: gemacht für (in hist. Reihe:) Hegelianer, Freudianer und Derridadaisten: In nächst tieferer oder höherer Ebene verweist *ver-* auf all die Gegenteile des Gesagten, die in das Gemeinte einfließen, *cf.* die reflexive Umkehr zum Beispiel bei *sich* verdrücken (verziehen – hat mind. 3 Bedeutungen) versus *etwas* verdrücken (vernaschen, s. o.); schön auch die Konversion durch partyzippen: *sich etwas* verkneifen (auf etwas verzichten) versus verkniffen (verbissen) *sein*.

Oft deutet *ver-* schlicht die Verneinung (»verwesen«) oder die Verursachung (»verkleinern«, »vergrößern«) an, und das ebenfalls meist ambivalent: die Verurteilung mag gerecht oder ungerecht sein. Dass *ent-* ein Antonym wäre, ist kaum je durchgängig der Fall: Bei »verscheiden« und »entseelen« betrifft das erste das Subjekt, das zweite das Objekt, ergibt aber dasselbe. Klappe zu, Affe tot.

Interessante Idiome sind »verantworten«, »vermuten« und »verraten«: Man kann das, was man verursacht oder verschuldet hat, »verantworten«; oder aber man hätte es zu »verantworten«, übernimmt die Verantwortung jedoch nicht. Um etwas anzunehmen oder von etwas auszugehen, bedarf es wohl des Mutes. Oder man muss nach ihm, laut einer anderen Bedeutung des mittelhochdeutschen *muot*, ein Verlangen haben. Beim »Verraten«, sei es das bloße Preisgeben eines Geheimnisses, sei es der Verrat an einer Person oder einer Sache, rät der Verräter nichts, sondern er weiß das, was er sagt (sonst wäre er kein Verräter), nur die Person, der er es verrät, musste es zuvor erraten.

Die behauptete Bedeutungslosigkeit von *ver-* in einigen Verbindungen scheint mir nicht vorzuliegen, sie bedeutet dann (oft? meist? immer?) eine Verstärkung oder gar Verschiebung in Richtung auf moralische Fragwürdigkeit, so wie wenn wir *verkonsumieren* statt bloß zu *konsumieren*.

Das Missverständnis als hohe Kunst tiefen Verstehens.

<u>Metaphern</u>

A Abbild
B Bebilderung
C Chimäre
D Dichterbild
E Einbildung
F Feindbild
G Geisterbild
H hundsmiserabel (Halbbildung)
I Insignie
J Jugendbildnis
K Krankheitsbild
L Lichtbild
M Menschenbild, Meinungsbild
N Nichtbild (Nessi?)
O Omibild
P Passbild
Q Queerdenkerin
R Rotwild
S Sinnbild
T Traumbild
U Urbild
V Vorbild
W Wunschkind
X X-(Man)-Ray
Y Yeti
Z Zerrbild

Gender Trouble, update 2021

der Revolver	die Pistole
der Reim	die Strophe
die Frage	der Satz
die Politik	der Friede
der Kilometer	die Meile
der Dolch	die Machete
die Mutter	der Vater
der Fuß	die Ferse
der Friede	die Armee
die Maschine	der Tisch
die Macht	der Wille
der Rhein	die Mosel
der Satz	die Frage
der Roman	die Novelle
der Plot	die Story
der Stil	die Kunst
die Logik	der Gedanke
der Friede	die Politik
der Sieg	die Niederlage
die Silbe	der Buchstabe
der Inhalt	die Form
der Buchrücken	die Seite
die Schrift	der Text
der Traum	die Wahrheit
die Zahl	der Vorgang
der Zucker	die Säure

Monsterprodukt 2
gerappt feat. »DJ Monster« | 28. 06. 2021

56 MAL RÜCKGRAT ZEIGEN

abseitsstehen *asozial*

abstehen

alleinstehen

anstehen *bevorstehen*

anstehen *schlangestehen*

aufstehen

auferstehen *abgeschafft*

ausstehen *bevorstehen*

ausstehen *durchstehen*

(nicht) ausstehen (können)

beieinanderstehen

beistehen *schwarzarbeiten*

bereitstehen

besserstehen *ungerecht*

bestehen

bevorstehen

dabeistehen

dafürstehen *imageschädlich*

dahinterstehen

danebenstehen

dastehen

davorstehen

drinstehen *Sexist!*

drüberstehen

durchstehen

eingestehen

einstehen

entgegenstehen *queerdenken*

entstehen *homophob*

er[=sie]stehen

fernstehen *braves Kind*

feststehen

fortbestehen *klimaschädlich*

freistehen *verboten*

gegenüberstehen

geradestehen *überflüssig*

geschriebenstehen

gleichstehen *Pflicht*

gutstehen

herumstehen

hintanstehen

hochstehen

missverstehen

nahestehen *Coronaleugner!*

schlangestehen

(sich) schlechterstehen

stillstehen

strammstehen

überstehen *durchstehen*

überstehen *vorstehen*

unterstehen

verstehen *genderungerecht*

vorstehen

widerstehen *gesetzwidrig*

zurückstehen *dito*

zusammenstehen *dito*

DIE LIST DER LISTEN

besteht darin, dass sie nur aussagekräftig werden würden im Gegenlicht dessen, wen ich auch noch gelesen habe in fünfzig Jahren. (Hermeneutische*r Hammer und Sichel: Diese Einleitung ist erst verständlich nach Konsultation der Listen weiter hinten.)

1

Zunächst hatte ich die Liste (der Wichtigsten), aus der dann die Listen hervorgingen, in der »zufälligen« Reihenfolge je nach Einfall aufgeschrieben. Zufällig? Das würde Sigmund Freud bestreiten. Was mir wann einfällt und in welcher Reihenfolge, ist ein psychischer Akt. Er kann kein Zufall sein, er hat eine Intention; diese aber muss ich nicht durchschauen.

2

Besonders jene Wortmetzen, die ich früh entdeckt habe, werfen die Fragen auf: Wie kommt die Entscheidung zustande? Sie haben mich geprägt, es kann demnach nicht sein, sie irgendwann als »unwichtig« herunterzustufen. Eher interessant sind die Schriftsteller, die mich viel gelehrt haben, aber dann nicht in einer Liste auftauchen. Inzwischen finde ich sie »langweilig«; das war allerdings mal anders: Peter O'Donnell (OMG, ohne ihn gäbe es *Anne R. Chérie* nicht, welch ein Jammer), Raymond Chandler, Dashiell Hammett, Ross McDonald und Margaret Millar, Patricia Highsmith, Ken Follett, John le Carré, Henning Mankell, Åke Edwardson, Trudi Canavan.

Verloren gegangen ist mir etwa Heinrich Böll wegen der unerhörten Plattheit seiner *Verlorenen Ehre der Katharina Blum* (1974). In der ersten Hälfte der 1970er Jahre war er mir, wie ich mich schwach erinnere, ein wichtiger Wegweiser. Zu seiner verlo̱r̲enen Ehre: Sicherlich ist der Staatsschutz, als er schon vor dem »Deutschen Herbst« 1977 Jagd auf die RAF-Terroristen und ihr Umfeld an Sympathisanten machte, alles andere als unschuldig. Der Test fürs Moralin von Böll & Co. wäre: Wie reagieren sie aufs Sympathisantenumfeld der NSU-Terroristen, rechtes Pendant zur linken RAF? Auch dort richtete der Staatsschutz verlorenen Ehren an. (☞ Selbstexperiment 2.)

4

Was schließlich ist mit den Ambivalenten?, neben Bertolt Brecht (den ich auf die Negativliste gesetzt habe) eben Heinrich Böll, Elias Canetti (gerade geisterte mir noch allerlei Ambivalentes im Kopf herum, wo ist es denn hin?; nun, jetzt werden es mehr und mehr:) Paul Celan, Hans Magnus Enzensberger, Heiner Müller, Pablo Neruda, Ayn Rand, Peter Weiss, Virginia Woolf. Und wo ist Franz Kafka (immerhin ein Liebling meines Gott*elter1 Paul Goodman)? Wäre Brecht nicht unter den Ambivalenten besser aufgehoben?

Zum Beispiel Elias Canetti. Wie ist er einzuordnen? *Die Blendung* war, als ich sie Anfang der 1970er Jahre las, genial und ist es geblieben, als ich sie 2021 wieder las. *Masse und Macht* augenöffnend, als ich das Buch in den 1980er Jahren las und ist es geblieben, als ich es 2021 für *Canetti Marinetti Onetti* wieder las bzw. 2009 fürs Schlusskapitel von *Dein Name sei Menschenfischer*. Aber wie er über seine Geliebte Ines Murdoch schreibt, geht gar nicht. Widerlich. So eine interessante, attraktive Frau, aber er hat bloß Bullshit für sie übrig. Entweder muss sie diabolisch gewesen sein, um diese Verachtung verdient zu haben, oder aber er ist ein Scheißkerl und genau den Eindruck habe ich aus der Lektüre *seiner* Sicht gewonnen. Ohne es weiter überprüft zu haben oder auch nur überprüfen zu können, habe ich mich für sie, gegen ihn entschieden. Eindeutig ein sexistisches Vorurteil übrigens, dessen ich mich hier befleißige.

6

Warum habe ich Samuel Becket und Marcel Proust (um nur zwei aus der unendlichen Liste derer zu nennen, die man gelesen haben müsste …) nicht gelesen? (Bei Becket musste ich gerade noch den Vornamen ergoogeln.) Zufall? Weil es immer mehr zu lesen gibt, als man lesen kann, wenn man auch noch zum Schreiben kommen will? Vorurteilsüberladene Abneigung? (Und wenn ja: Warum? Abneigung gegen was?) Weil es in dem, was ich über sie las, nichts gab, was mich animierte?

Die Positivliste in »zufälliger« Reihenfolge

Paul Goodman, Peter Handke, Marx *(sic)* Frisch, Arno Schmidt, Mario Vargas Llosa, Juan Carlos Onetti, Idea Vilariño, David Foster Wallace, Bolaño (nur *Naziliteratur*), Patti Smith, Wolf Wondratschek (die frühen Sachen), Ernst Jünger, Reinhard Jirgl (die späten Sachen), Tolkien, [Siegfried] Lenz (nur *Schweigeminute*), Nietzsche, Ruan Ji, Sappho, Fernando Arrabal, Ursula LeGuin, Ezra Pound, Franz Werfel (*Stern der Ungeborenen*), Stefan Andres (*Wir sind Utopia*), Terry Pratchett.

Die *spoken bridge* zwischen These 2 und 3 der dritten Fake Poetik Vorlesung weiter hinten im Ohr, wären hier neben Patti Smith noch Einige zu ergänzen.

Und 12 forgotten Items

1 Matthias Koeppel (1975, *Starkdeutsch*)
2 Friedrich Nietzsche (ab 1978)
3 Katherine Kurtz (1985, *Camber*-Zyklus)
4 J. R. R. Tolkien (1989)
5 Terry Pratchett (2006; für's *Miriamslied*)
6 Roberto Bolaño (2008, nur *Naziliteratur in Amerika*)
7 Siegfried Lenz (2008, nur *Schweigeminute*)
8 Allen Ginsberg (2012)
9 Yang Lian (2014; für's *Maodeking*)
10 Ossip Mandelstam (2016)
11 Idea Vilariño (2021)
12 Ernst Jandl (ab wann?, keine Ahnung)

Aber 13 auf der Negativliste (alphabetisch)

1 Honoré de Balzac
2 Gottfried Benn
3 Heinrich Böll
4 Bertolt Brecht (ambivalent)
5 William Faulkner
6 Jean Genet
7 Stefan George
8 Goethe & Schiller
9 Günter Grässlich
10 Martin Heidegger
11 Michel Houellebecq
12 Jean-Paul Satire

Die Negativliste könnte viel länger sein. Sie ist so kurz,
weil ich die, die ich nicht mag, nicht lese. Aber: Dann muss
die Entscheidung über Sympathie / Antipathie *vorm* Lesen
fallen, beruht demnach auf Vorurteilen. Was sind hierfür
die Kriterien? Die Gründe? Oder aber: Die, die ich nicht

mag, vergesse ich wieder, lege sie halb gelesen zur Seite, kaufe nichts mehr desselben Autors. Ricardo Domeneck, Barbara Köhler fielen mir ins Auge, als ich während der Aufstellung der Listen im Bücherregal auf der Suche nach etwas anderem war. Und wenn es nicht nur 12 hätten sein sollen, würden noch Uwe Johnson und James Joyce draufstehen. Es gibt zunehmend eine ganze Menge Zeugs, das ich gelesen habe und das mir missfällt, so sehr, dass es mir entfällt. Oder es lohnt sich nicht, es aufzuschreiben, weil's sowieso keiner kennt. Also enthält die Liste eher die Autoren, die als etwas gelten, nur aber mir nicht gefallen. Ich selber tauche vermutlich – nach diesem Kriterium – in keiner Negativliste eines Anderen auf.

Kriterien ☞ S. 81 ff.

Apropos [Bolaños] *Naziliteratur* … . Ein Buch zum immer wieder drin Schmökern. Blättern in fiktiven Literaturangaben, der Liste der nicht-existierenden Zeitschriften. & eine Botschaft, die kein D**tsch*r je sich getraut hätte. Da zwischen aberwitzigen Figuren schlechtester Literatur auch Perlen zu finden sind, heißt das nicht: Auf Politik kommt es nicht an? Vielmehr: Nur auf Literatur? Mithin doch: *nur* Narr, *nur* undichtsie:er.

Allen Ginsberg trifft Ezra Pound, 1968: »›Ich bin auch hierhergekommen, um Ihren Segen zu erbitten. Können Sie ihn mir geben, Sir?‹ […] ›Ja‹, nickte Pound, ›wofür auch immer das gut sein mag.‹ […] Mit rührender Anmut und Selbstverständlichkeit beugte Ginsberg sich vor und küßte den Meister auf die rechte Wange. […] ›Ich hätte es wirklich besser machen können‹, sagte [Pound] zu Ginsberg. Dann wandte [Pound] sich langsam um und trat ins Haus.« Michael Reck, *Allen Ginsberg trifft Ezra Pound 1968*, in: Schreibheft 69 [2007], S. 170.

KONSTRUKTIVISMUS,
IMMER WIEDER KONSTRUKTIVISMUS
Aufzeichnungen zu einer
Zweiten Fake Poetik Vorlesung

1

¿ SE PUEDEN VER COLORES EN EL SUEÑO ? (Kann man im Traum Farben sehen?). Nené, in Onettis *Niemandsland.* — 1969 führte Eleanor Rosch psycholinguistische Experimente bei den Dani in Neuguinea durch. Die Sprache der Dani kennt bloß die Farbnuancen *dunkel* und *hell*. Farben in unserem Sinne sind also nicht zu bezeichnen. Die Dani, die an dem Experiment teilnahmen, machten unter farbigen Karten mit der gleichen Sicherheit solche von identischen Tönen aus wie amerikanische Studenten einer Vergleichsgruppe. Allerdings kam Debi Roberson 1999 mit einem ähnlichen Experiment bei den Berinmo, ebenfalls Neuguinea, zu dem gegenteiligen Ergebnis. Die Berinmo kennen fünf Farbworte. Roberson und Rosch kritisieren sich gegenseitig für methodische Fehler. Was sollen wir daraus schließen? Dass bei jeder wissenschaftlichen Untersuchung genau das herauskommt, was schon vorher festgelegt war? Dass Experimentatorinnen sich ihre Wirklichkeit so konstruieren, wie sie sie gern hätten?

Nach meiner Übersicht zieht man in den an diese und ähnliche Experimente anschließenden Diskussionen nicht in Betracht, dass es einen Unterschied ausmachen könnte, ob eine Sprache zwei oder mehr Farbwörter kennt: Wer nur *hell* und *dunkel* unterscheidet, könnte sich eventuell leichter auf ihm fremde Konstruktionen von Farbgruppen einlassen als einer, der bereits ein eigenes Spektrum bildet. Diese Bemerkung geht wohlgemerkt davon aus, dass den sprachlich differenzierten Farben auch unterschiedliche objektive Sinneseindrücke zugrundeliegen. Das größere, meines Wissens von keinem der beteiligten Forscher reflektierte Wunder ist, konstruktivistisch gesehen, dass die Experimente überhaupt sich durchführen lassen: Ob Dani, Berinmo oder WASP, man versteht sich. Selbstreflektion scheint das große Defizit philosophisch nicht aufgeklärter Wissenschaft zu sein.

Da ist noch eine weitere Möglichkeit. Genauso unsinnig wie die Vermutung, der Wahrnehmung (z. B. unserem Farbensehen) würde gar kein sächliches oder objekthaftes »ETWAS« als Realität oder Wirklichkeit zugrundeliegen, wäre die gegenteilige Behauptung, unsere Konstruktionen (z. B. unsere Sprache) hätten nun gar keinen Einfluss auf das, was und wie wir wahrnehmen. Selbstverständlich gibt die Sprache, die wir sprechen und in der wir denken, einen Rahmen vor, in dem wir unsere Wahrnehmungen einordnen und interpretieren. Dass Sprache einen Einfluss auf das habe, was wir unsere »Realität« und unsere »Wirklichkeit« nennen, wird kaum überraschen.

2

Auch die Ausstattung unseres Wahrnehmungsapparates gibt einen solchen Rahmen vor. Ich erinnere mich, als im Heizungsschacht meines Elter 1 & 2 hauses Grillen sich ansiedelten. Sie machten so einen Radau, dass wir uns nur schwer verständigen konnten. Mein Elter 1 jedoch hörte schlecht; das »laute« Zirpen der Grillen bewegte sich in einer für ihn unhörbaren Höhe und beeinträchtigte aus diesem Grunde seine Kommunikation nicht. Sie bildeten in diesem Sinne keinen Teil seiner Wirklichkeit.

Dennoch war er selbstredend in der Lage,

1. eine objekthafte Anwesenheit der Tierchen dann wahrzunehmen, wenn er sie *sehen* konnte,
2. das Prinzip ihrer Tonerzeugung zu verstehen (*sic!*) und
3. die von ihr ausgehende Beeinträchtigung des Sprech-Hör-Akts der übrigen Familienmitglieder *nachzuvollziehen*.

Selbst das, was außerhalb der Wahrnehmungsmöglichkeit unserer Gattung liegt wie z. B. die von den Haien mit ihren »Lorenzinischen Ampullen« wahrnehmbaren elektrischen Felder, können wir erschließen. Eine bloße Konstruktion ohne eine ihr hinterlegte Wirklichkeit? Der Hai empfindet das anders.

Alle Flächen, die wir *eindeutig* bezeichnen, müssen voneinander abweichen. Wenn sie homogen wären, könnten wir ihnen nicht differente Namen zuweisen, nicht einmal völlig willkürlich, weil ihnen die Begrenzungen fehlten; sie bedürfen eines Abgegrenzt- und eines Eingegrenzt-Seins. Darüber hinaus müssen sie sich intersubjektiv in gleicher Weise identifizierbar unterscheiden, damit jeder von uns *rot* zur gleichen Fläche sagt. In der Regel.

3

Wie fein abgestuft Töne gehört werden (anstatt bloße Allgemeinplätze zu benutzen: helles Rot, dunkles Rot usw.), hängt ab von:

1. meiner *physiologischen* Ausstattung (»Was alles sieht mein Auge?«),
2. meinem *sozialen* Umfeld (»Werde ich als Werbegrafiker etwa keine Pantone-Töne identifizieren können?«) und
3. dem allgemeinen *kulturell-sprachlichen* Rahmen (»Welche Farbnamen finde ich vor?«).

Wenn der individuelle soziale den kulturell-sprachlichen Kontext übersteigt, gehen wir zu Hilfskonstruktionen über wie beispielsweise zu Pantone-Tönen, zu Vergleichen wie etwa Veilchenduft oder auch zu Idiosynkrasien, wenn ein Maler für sich Farbnamen erfindet, die er aber niemandem mitteilt, sondern die bloß ihm dazu dienen, sich selber zu orientieren.

Dies gilt für alle Wahrnehmung, damit für alle Ästhetik, damit auch für die Liederatur. Der Wortmetz bemerkt etwas, das Anderen bislang entgangen zu sein scheint; aber diese Anderen müssen es identifizieren können, um es nachzuvollziehen, zu verstehen und eventuell dann selber präziser zu fühlen, zu hören, zu riechen, zu sehen und zu schmecken. Das heißt, dass der Wortmetz wie der Steinmetz etwas konstruiert, doch er muss Rücksicht nehmen auf die objektive (wenn auch vielleicht aber unsichtbare, unbekannte) Beschaffenheit des Materials, sei es das Sein, sei es der Stein, sei es der Klang der schwarzen Rose.

Denn wie, bitteschön, sind die Farbnamen entstanden, so es keine unterscheid- und wiedererkennbaren Flächen gäbe? Wenn die schwarze röche wie die rote Rose?

4

Dekonstruktion wäre freilich nur möglich, wenn es eine Substanz in Form eines Materials gäbe. Wenn der Text nicht auf Etwas außerhalb seiner selbst hindeutet, lässt er sich nicht dekonstruieren.

Jacques Derrida dekonstruiert Kafkas Kurzgeschichte *Vor dem Gesetz*, indem er den mythischen Schleier um den Ursprung des Gesetzes herausarbeitet. Sofern der mythische Ursprung nicht Etwas wäre, sondern wiederum nur Derridas Konstruktion, hätte diese keine Kraft, sich auf Kafkas Gesetz zu beziehen: beide Konstruktionen stünden unverbunden nebeneinander. (Das könnte natürlich der Fall sein. Dann jedoch wäre Derrida im strengen

Wortsinne ein Idiot, jemand, der sich bloß auf sich selber bezieht.)

Die Nacht *hell* und den Tag *dunkel* zu nennen, hat (möglicherweise) lyrische Kraft, weil die Umbenennung gerade nicht in der Lage ist, die Wirklichkeit umzuwandeln und die Umbenennung mithin trivial erscheinen zu lassen. Die Umbenennung von *Baum* in *Straße* und *Straße* in *Baum* würde nichts bedeuten und darum passiert sie nicht. Aber die Umbenennung der *Kriegstoten* in die *Gefallenen* durch den Reichspropagandaminister verfolgt propagandistische Zwecke. Umbenennungen, die von der Staatsgewalt angewiesen werden, sind niemals neutral. Dies sollten die Propagandisten der Gendergerechtigkeit *qua* autoritativer Maßnahmen sich hinter die Ohren schreiben. Sie dienen nicht der Emanzipation, vielmehr der Knechtung.

Konstruktivistische Sprach- ist Machtpolitik.

5

OHREN VERSUS AUGEN? — Jacques Derridas Behauptung, der Philosoph schreibe gegen die Schrift (sein einziger Zeuge dafür ist freilich Platon), da das Ideal des Philosophen die Unmittelbarkeit von Sinn in der Präsenz sei, die die Schrift im Kommentar, Deuten und Umdeuten verletze, ist weniger paradox als ausgemachter Unsinn. Spätestens seit Avicenna, Peter Abælard und Thomas von Aquin ist der Sinn der Philosophie, vermutlich aber schon früher bei Augustin und Hieronymus, Kommentierung, Deutung und Umdeutung von Schrift, der heiligen wie der philosophischen, und mithin der Sinn der gesprochen wie der geschriebenen Philosophie: Thomas diktiert seine Bücher; sie sind gesprochenes Wort, dessen Sinn der Kommentar von Schrift, in der heiligen wie in der philosophischen Variante, ist, um wieder Schrift zu werden, die erneut für Kommentare, Deutungen und Umdeutungen zur Verfügung steht.

Die Besonderheit der Schrift sieht Derrida in seinen Rund- oder Randgängen der Philosophie darin, auf die Abwesenheit der väterlichen Autorität zu dringen, eines autoritären Elter1s, der Schrift einhege und verdächtige. Eben. Doch damit bricht Derrida nicht mit der Tradition, setzt sie vielmehr fort. (Übrigens hat er ein viertel Jahrhundert später, als er sich in Trauer um den Tod seines väterlichen Freundes Emmanuel Levinas von diesem verabschiedete, die Autorität des Vat¿sie?s als ein positives anarchistisches Gegenbild zum Staat gefeiert. Das freilich steht auf einem anderen Blatt.)

6

In der Ausblendung des Mittelalters aktualisiert Derrida eine Tradition, aber eine hinderliche, nämlich dass für die mittelalterliche Philosophie, die Scholastik, komplett die Augen und die Ohren verschlossen werden, das heißt für tausend von zweieinhalbtausend Jahren abendländischer Philosophie, die ausgeblendet, überhört werden, als habe sie nie gesprochen.

Thomas kommentiert Schrift, Apostel & Aristoteles, indem er ihre Gedankengänge mit »dann (oder: darum) sagt er« (Präsens) verknüpft, anstatt mit »dann (oder: darum) sagte er« (Präteritum). Die Schrift vergegenwärtigt und lädt zum Quasi-Dialog ein. Wertet er damit die Schrift als Schrift ab? Sicherlich nicht. Die Kommentierung Wort für Wort, grammatische Konstruktion für grammatische Konstruktion setzt die Schriftlichkeit voraus: Diese Praxis wäre als rein mündliche (phonetische, musikalische) unmöglich. Avicenna noch, infrastrukturell nicht ganz so gut mit Zugang zum Buch ausgestattet wie Thomas, lernt die

D13 Träum3 31n3r
Na64t 4a83n a773
da5 9731643 T43ma,
w13 v3r80r93n au64
1mm3r, 834aupt3t
519mund Fr3ud.
Da5 T43ma 31n35
Kün5t73r5, 08 5t31n-
0d3r W0rtm3t2 0d3r
F17m3ma643r, 87318t
31n 7383n 7an9
973164: W1r 7383n
31n3n Traum.
W1r 7383n 1m Traum.

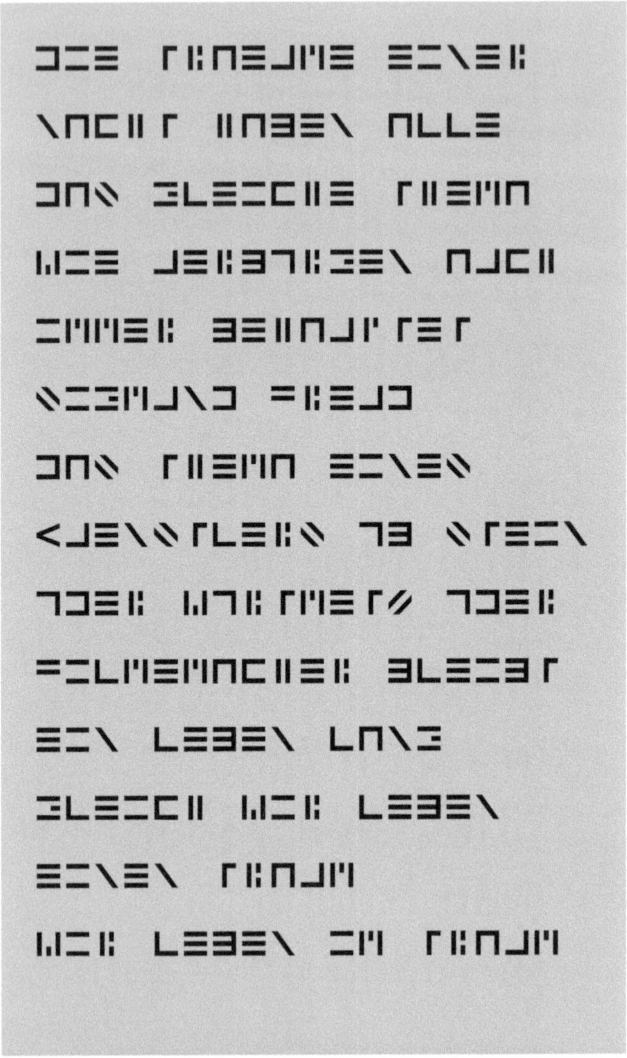

Wenn ein Konstruktivist träumen würde | Text S. 12 # 11

Metaphysik des Aristoteles auswendig, um sie als Quasi-Schrift (und nicht als nur mündliches Wort) im Kopf zu haben, als habe er sie vor Augen.

7

Vom Widerspruch würde Derrida sich vermutlich nicht widerlegt sehen/hören, da Widerspruchslosigkeit nicht zu seinen Wahrheitskriterien zählt. Den befreienden Widerspruch würde ich allerdings genau umgekehrt als Derrida formulieren: Partei ergreifen für das (gegebene) Wort, das mit einem Dialog der Autorität durch in Schrift fixierter Dogmatik entgegensteht, und gleichzeitig für die Schrift, die die gesprochen anweisende Dogmatik kommentierbar, verwundbar und dekonstruierbar macht.

Und was, bitteschön, lieber Jacques, sind die 500 Jahre mündliche Überlieferung der Lehre Buddhas, in der die Wörtlichkeit der Rezitation mit ihrer Unwandelbarkeit eng verknüpft war und den höchsten Ansprüchen an die patristische Autorität genügt hätte? Die Hochschätzung der Beweglichkeit des gesprochenen Wortes kann erst das Ergebnis sein, wenn es Schriftlichkeit zum Kontrast bereits gibt. Davor setzten die Menschen alles daran, Worte in ihrem Herzen auf ewig zu bewahren.

8

IM PUFF DER SPRACHE. — Die Welt, unsere Welt, sei aus Worten aufgebaut. Geschenkt. Befehle gelten Konstruktivisten als gebrüllte Beispiele für die performative Macht der Sprache, eine Wirkung, die ohne Sprache oder sprachähnliche Zeichen und Gesten nicht existierte. Dagegen. Ein Befehl ohne *Mikrophysik der Macht*, ohne *Politik am Körper* würde verpuffen. Der Schmerz muss sich in den Körper einschreiben und sei's als (sprachgedanklich) antizipierte Drohung. Ernst Jünger ist ein inkarniertes Beispiel. Der Kerl kannte keine Angst, weil er anscheinend keinen Schmerz kannte. Folglich vermochte keiner, ihn zu disziplinieren. Im Krieg hielt ihn weder Feindbeschuss vom Schlaf ab noch veranlassten ihn Strafandrohungen durch die eigene Seite, vor denen die Kameraden zitterten, Befehlen Folge zu leisten. Er tat, was er tat, scherte sich den Teufel um Befehle. Nach dem Krieg hantierte er mit allen illegalen Drogen, die die Apotheke Gottes und der Hexenkessel der Chemie zu bieten hatten. Gefahr einer Kriminalisierung konnte ihm nichts anhaben.

Auch schöne performative Akte wie die Rede von der Liebe kommen ohne eine Substanz nicht aus, wie feinstofflich sie auch sein mag. Gott musste sich erstmal als Mensch verkörpern, um seine Liebe zu ihm zu empfinden, weil er am eigenen Leib das Leiden erfuhr. Wenn das Herz nicht schlüge, wo wäre dann die Liebe? Wenn sie nicht durch den Magen ginge, wo ginge sie hin?

9

Im Kontext des Erzählens schmeckt »konstruiert« schal. Eine Handlung, eine Figur gilt als »konstruiert« – jeder Wortmetz schlottert vor diesem Verdikt –, wenn sie auf Prinzipien beruht und nicht »aus dem Leben« hervorgeht, also nicht mit Widersprüchen behaftet ist. Obacht: Selbst die Widersprüche dürfen nicht »konstruiert« anmuten.

Das Partizip *konstruiert* steht hier gegen das (nicht unbelastete) Adjektiv *organisch*. *Spontane Ordnung* (Hayek), die aus *freier Vereinbarung* (Kropotkin) hervorgeht, entsteht, wenn die Konstruktionen zweier oder mehr Personen aufeinanderprallen, in Kontakt treten. Kontakt sei die erste Wirklichkeit, sagt Paul Goodman. Er kannte den Konstruktivismus noch nicht. Aber er behält Recht gegen ihn: In was für Wahngebilde eine Einzelperson oder ein (konfluentes) Kollektiv sich auch verspinnen mag, an der Kontaktgrenze schlägt die Stunde der Wirklichkeit, gegen die auch keine Dichtung mehr wappnet.

10

Wie überleiten? Überleiten zu jener Frage, mit welchen Tricks die Wortmetzen ihre Welt bauen, die unsere Welt werden will? Später einfügen.

Wenn ich jemals Spanisch lernen sollte, dann um die Romane von Mario Vargas Llosa im Original lesen zu können. Einen Roman hätte ich bereits in Spanisch: *La Fiesta del Chivo*, zu deutsch *Das Fest des Ziegenbocks* (als *Der Tod einer Bestie* 2005 verfilmt mit Isabella Rosselini; Regie führte Luis Llosa, Mario Vargas Llosas Vetter). Der Roman erzählt in psychologisch brutaler Weise die letzten Tage des dominikanischen Diktators Rafael Trujillo, bevor er einem Attentat zum Opfer fällt. Hautnah spürt man die Mikrophysik der Macht und an welchem Punkt das Konstrukt von Patronage und Angst in sich zusammenbricht, sich dann aber doch wieder stabilisiert und die Hoffnung der Attentäter zunichte macht.

(Rekurs zu Onetti: Ihn kann ich mir auf spanisch nur schwer vorstellen, obwohl ich seine gesammelten Kurzgeschichten auf spanisch habe und ab und zu konsultiere, wenn ich nicht sicher bin, wie eine Wendung gemeint sei.)

Mario Vargas Llosa, 1936 in Peru geboren, zeigte in den 1960er Jahren wie viele Intellektuelle Sympathien für die linke Seite. Mehrfach nimmt er in späteren Büchern darauf Bezug. Einige in *Gegen Wind und Wetter: Literatur und Politik* versammelte Essays belegen seine »marxistische« Phase (besonders *Das Tagebuch des Ché* von 1968). Die oberflächliche Begeisterung für sozialistische Revolution hat seine literarischen Werke selbst jener Zeit keineswegs beeinträchtigt. Die folgende Szene findet sich in seinem zweiten Roman *Das grüne Haus* (1965):

Nonnen lassen durch das Militär (!) kleine Kinder der Aguarunas einfangen. Die Aguarunas sind ein zu jener Zeit noch weitgehend unbehelligt im Dschungel des Amazonas lebender Stamm. »Heiden« nennen die Nonnen sie, »Nacktärsche« die Soldaten. Ein Mädchen, Bonifacia mit christlichem Namen, eine der Hauptfiguren des Romans, befindet sich schon länger in der Mission und führt Aufsicht über Neuzugänge, die »Mündel«. Zwei von ihnen ermöglicht Bonifacia die Flucht. Von der Mutter Oberin zur Rede gestellt, *¿Warum hast du das gemacht?*, weiß Bonifacia zunächst keine Antwort. Im Laufe des Gesprächs wird sie sich über ihre Motive im Klaren. Die beiden Kinder, deren Haare noch nicht geschoren worden waren, hatten sich gegenseitig gelaust. Dann haben sie Bonifacia ebenfalls den Liebesdienst angeboten. In Bonifacias gewachsenem Haar fanden sich aber keine Läuse. Die Kinder ersparten ihr die Schmach, nichts zu »bieten« zu haben, indem sie sich das nicht anmerken ließen. Diese Empathie der Kinder rührte Bonifacia so, dass sie dem Heimweh der Kinder nachgab und ihnen eine Tür nach draußen öffnete. (Zur Beachtung: Alle diese Worte, *Heiden*, *Nacktärsche*, *Mündel*, *Liebesdienst*, *ersparen*, *etwas zu bieten haben*, sind Konstrukte mit performativer Kraft. Das Konstrukt *etwas* bzw. *nichts zu bieten haben* ist in diesem Fall wohlgemerkt eines, das überkulturell verstehbar ist und wirkt. Wirkt »generative Grammatik« als »generative Performanz«?)

Diese Szene fasst das Credo des Autors zusammen: Die ungeschönte Darstellung der Monströsität des herrschenden Systems führt nicht zu einer Idyllisierung des Lebens der bedrohten Urwaldbewohner. In *Der Geschichtenerzähler* führt er das Thema weiter. Ein Ethnologe engagiert sich für die Machiguengas, einem anderen zurückgezogenen Urwaldstamm. Ein Machiguenga, mit dem er in Kontakt tritt, erzählt ihm, dass er seine Frau, wenn sie erneut eine Totgeburt habe, wohl leider würde töten müssen, denn eine weitere Totgeburt beweise, dass sie eine Hexe sei. Während sie darüber sprechen, bewirtet die Frau sie. Die Frau lacht und sagt, dass sie eine Hexe sei, glaube sie nicht. Mit dem *Geschichtenerzähler* geht MVLl literarisch noch weit über *Das grüne Haus* hinaus. Es gelingt ihm, die Eigenarten der Machiguenga-Sprache, besonders deren anderes Zeitverständnis, in unserer Sprache nachzubilden und damit erlebbar zu machen. (Also: Sprache prägt die Wirklichkeit entscheidend; sie ist jedoch *übertragbar*, eine übertragbare Infektion.)

11

In der zweiten Hälfte der 1980er Jahre setzte MVLl sich an die Spitze einer spontanen Massenbewegung in Peru, die gegen die Pläne der Regierung protestierte, Banken zu verstaatlichen. 1990 kandidierte er als Unabhängiger zur Präsidentschaft. Seine zentrale Botschaft lautete: »Armut lässt sich nicht überwinden, indem man das wenige verteilt, das vorhanden ist, sondern nur, indem man mehr Reichtum schafft. Zu diesem Zweck ist es erforderlich, neue Märkte zu erschließen, den Wettbewerb und die individuelle Initiative zu fördern, das Privateigentum nicht zu bekämpfen […], unsere Wirtschaft und unsere Psyche zu entstaatlichen, die Rentnermentalität, die alles vom Staat erwartet, durch eine moderne Haltung zu ersetzen, die der zivilen Gesellschaft und dem Markt die Verantwortung des Wirtschaftslebens überträgt« (aus: *Der Fisch im Wasser*, 1993; dt. 1995, S. 55).

Als die herrschenden militaristischen, nationalistischen und sozialistischen Kräfte merkten, dass er Erfolg haben könnte, unterstützten sie den ebenfalls unabhängigen Alberto Fujimori, einen Populisten ohne inhaltliche Festlegung. Mario Vargas Llosa bekam die meisten Stimmen und musste sich einer Stichwahl mit Fujimori stellen. Vorübergehend spielte er mit der Idee, auf seine Kandidatur zugunsten Fujimoris zu verzichten, falls dieser im Gegenzug wichtige liberale Programmpunkte aufnehme. Mittels des Erzbischofs von Lima wurde MVLl jedoch darüber informiert, dass das Militär in diesem verfassungsrechtlich heiklen Falle putschen würde. MVLl ging in die Stichwahl und unterlag Fujimori, der von allen übrigen politischen Kräften unter Einschluss der Kommunisten unterstützt wurde. Für Peru war das Wahlergebnis katastrophal, für die Literatur ein großes Glück, denn andernfalls hätte er wahrscheinlich Romane wie *Tod in den Anden* (1993) und *Das böse Mädchen* (2006) nicht schreiben können. Über den Ausflug in die Politik legt MVLl in *Der Fisch im Wasser* als Pendant zu *Das Fest des Ziegenbocks* Rechenschaft ab. Er macht deutlich, wie demokratische Politik funktioniert: Diktatur und Demokratie sind sich ähnlicher, als jene behaupten, die dem Glauben an den »Gott der Demokratie« verfallen sind.

12

Tod in den Anden ist ein, ist *der* Roman über die peruanische maoistische Guerilla-Bewegung »Leuchtender Pfad«. Wie in seiner Auseinandersetzung mit der Problematik der Eingeborenen-Stämme lässt MVLl keinen Zweifel darüber, dass die Bevölkerung allen Grund für einen Aufstand hat. Der Inhumanität des »Leuchtenden Pfads« und der des Aberglaubens der Indios gegenüber erscheint die

Staatsmacht, repräsentiert von zwei armseligen Polizisten, die auf verlorenen Posten den Tod erwarten, allerdings als zivilisierender Faktor. Aus diesem Dilemma gibt es keinen politischen Ausweg.

Der monumentale Roman *Der Krieg am Ende der Welt* behandelt eine wahre, welthistorisch völlig unbedeutende Episode gegen Ende des 19. Jahrhunderts in Brasilien. Ein fanatischer Wanderprediger gerät während des Übergangs zur Republik zwischen die Fronten. »Republik« bedeutet für die Anhänger des Predigers Gottlosigkeit und allem voran Steuerzahlung. Zwei Jahre lang leisten sie Widerstand: errichten zusammen mit bekehrten Räuber-Banden in der abgelegenen Provinzstadt Canudos einen Gottesstaat, der europäischen Intellektuellen sogar als Vorbote der kommunistischen Revolution erscheint. Es kommt zu einer blutigen Konfrontation. Nach der ersten größeren Schlacht, die die Anhänger des Gottesstaates gewannen, heißt es: »Alle hätten sie sterben können, so dass keiner, weder Offizier noch Linienschütze, übrig geblieben wäre, um der Welt die Geschichte dieser [...] Schlacht zu berichten; jeder einzelne dieses halben Tausends geschlagener Männer, die ziellos und verschreckt und verwirrt dahinrannten, hätte verfolgt, aufgespürt, gehetzt und niedergemacht werden können, wenn die Sieger gewusst hätten, dass die Logik des Krieges die völlig Vernichtung des Gegners verlangt. Doch die Logik der Auserwählten des guten Jesus war nicht von dieser Welt.«

Kann man da nicht Sympathie für diesen Haufen schlecht bewaffneter aufständischer Fanatiker haben, Brasilien 1891? Eine Seite später dürfen wir einen Blick auf die nicht weniger erschreckende andere Seite der Medaille werfen: »In [dem Ort] Rancho das Pedras [...] stießen die [zu den Aufständischen gehörigen] Männer Pedrãos auf sechs hungrige, zerlumpte Frauen, die kochend, waschend, Liebe spendend hinter den Soldaten hergezogen waren. Sie brachten sie nach Canudos [Zentrale der Aufständischen], doch der Beatinho [ein Organisator des Aufstandes] schickte sie wieder fort, denn wer aus freiem Antrieb dem Antichrist gedient hatte, sagte er, könne nicht […] bleiben. Eine von ihnen, die schwanger war, fingen zwei Zambos, die zur Bande José Venancios [eines Aufständischen, der bei der Schlacht getötet worden war] gehört hatten und über den Tod ihres Chefs untröstlich waren, wieder ein. Mit einem Machetenhieb schlitzten sie ihr den Bauch auf, rissen ihr die Frucht aus dem Leib und steckten statt dessen einen lebendigen Hahn hinein, überzeugt, dass sie damit ihrem Chef in der anderen Welt einen Dienst erweisen würden.«

Man kann da keine Sympathie haben …

MVLl wirft die richtigen Probleme auf, die Probleme nämlich, für die Literatur Literatur ist.

13

1945, zwei Tage vor seinem Tod, beendete Franz Werfel im amerikanischen Exil den Roman *Stern der Ungeborenen*. Unter dem Eindruck des Islamischen Staats in Syrien und Irak sowie Boko Haram in Nigeria, gelesen auf der Folie von Sigmund Freuds *Unbehagens in der Kultur* stellt sich Beklemmung ein.

Der Erzähler wird in die künftige Welt zitiert, hunderttausend Jahre »weiter«. Man schreibt hier das Jahr 101 945 037. Er steht dort in der Kluft als Soldat des ersten Weltkriegs; sein ebenfalls wiedergeborener Freund, der diese Welt freilich länger kennt, nimmt ihn in Empfang. Langsam wird klar, wer den Erzähler herbeizitierte und weshalb: Er ist Attraktion einer Hochzeit. Die Menschen dieser Welt sind in einer radikalen Weise befriedet. Es gibt

Intuitiv lesbar, laut Ezra Pound.

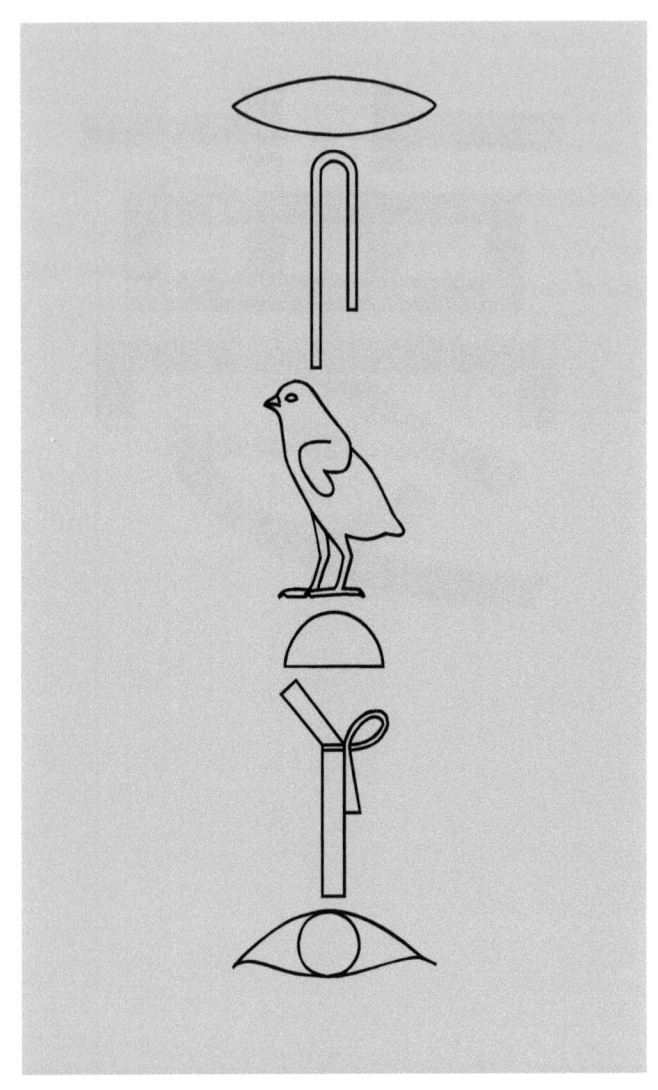

Intuitiv gelesen?

ein Denkmal des Letzten Krieges. Streit, Konflikt, ja jedes laute Wort, körperliche Gewalt sowieso – sind verbannt. Nahrung wird nicht gekaut, sondern in konzentrierter, flüssiger Form zu sich genommen. Selbst das Sitzen gilt, der gebrochenen Körperlinie wegen, als aggressiv. Man steht oder liegt. Die Menschen altern nicht und sterben nicht. Wenn sie nach hunderten von Jahren lebensmüde sind, begeben sie sich in den »Wintergarten«, wo sie nach zahlreichen Prüfungen freiwillig sich ins Nichts auflösen. Schöne hyperhygienische Welt.

Der Bräutigam, zu dessen Feier der Erzähler zitiert wurde, ist Mitglied einer merkwürdigen Gruppe, den Waffensammlern. Sie beschäftigen sich mit historischen Waffen, wissen alles über den Krieg, auch wenn sie die lange verflossenen Zeiten durcheinander bringen, etwa zwischen Ritterheeren und dem ersten Weltkrieg keine so große Differenz zu sehen vermögen. Der Erzähler, der am ersten Weltkrieg als Soldat teilnahm, ist für den Bräutigam aufgrund seiner Erfahrung ein wertvoller Zeitzeuge. Bei einer Diskussion über »Kriege der Urzeit« gerät der Bräutigam in Ekstase, und er fragt den Erzähler mit »wollüstig poetischem Ton«: »Und wie ist das, Seigneur, wenn der eigene blanke Stahl in den Leib des Gegners dringt, und wenn der Blutquell hervorspritzt in rotem Bogen?« (¡O Freud, lass nach!)

Im weiteren Verlauf seines Aufenthalts erfährt der Erzähler, dass es außerhalb dieser beherrschten Zivilisation den Dschungel gibt, wo Barbaren in althergebrachter Weise leben, leiden, lieben, kämpfen, sterben. Es sind Menschen, die der *Schämen neuen Welt* den Rücken gekehrt haben. Die Zivilisierten betrachten den Dschungel zwar mit Abscheu, es gibt aber ein gewisses Übereinkommen, einander in Ruhe zu lassen. Den Waffensammlern um den

Bräutigam ist das ein Dorn im Auge, sie wollen den Krieg gegen den Dschungel. Als die Braut in den Dschungel flüchtet, löst der Bräutigam durch ein Attentat tatsächlich den Krieg aus. Der General des Dschungels, militärisch eigentlich in völlig aussichtsloser Lage, hat sich allerdings bestens vorbereitet. Man schießt »mit Depressionen und Melancholien«. Es ist freilich nicht Wahnsinn, der verwundet, vielmehr Wahrsinn: »Wirst du von einer solchen sechsundzwanzigkalibrigen Selbstanalyse getroffen, dann hilft dir kein Opiat mehr. Sie schießen mit entsetzlichen Ernüchterungen.« Die Zivilisation hält dem Angriff nicht stand, sie löst sich auf. Die Medien preisen nun den Dschungel. Allerdings ist der Sieg des Dschungels nicht die große Befreiung. »Jubel herrschte, nicht etwa, weil das Leben besser zu werden versprach, sondern weil die Herrschaft der Hochnäsigen gebrochen zu sein schien.« Der Wahrsinn schießt ins Herz des Konstruktivismus, der die Illusion ist, der Welt qua Sprache den willkürlichen Willen der Herrschenden aufoktroyieren zu können.

Dieser Roman faszinierte mich bereits als Jugendlicher. Darum fiel es auf fruchtbaren Boden, als ich später las, dass die Psychoanalytiker Laura und Fritz Perls in den 1940er Jahren den Übergang von flüssiger zu fester Nahrung als wichtigen Entwicklungsschritt des Kindes beschrieben und wesentliche psychische Störungen einer »Beißhemmung« (oder, psychoanalytisch gesagt: einem »oralen Widerstand«) anlasteten. Als sie mit Paul Goodman dann die Gestalttherapie entwickelten, war ihr paradoxer Leitgedanke: Die Leiden der Epoche heißen Zahmheit und Gewalt.

Das alles erwächst natürlich Sigmund Freuds Theorie: Die Kontrolle der aggressiven Impulse der Individuen durch die Gesellschaft erfordert kollektive Aggression, die krank, apathisch und depressiv macht, vereinzelt aber zu scheinbar unbegreiflichen Gewaltausbrüchen führt. Das macht das *Unbehagen in der Kultur* aus. Und da draußen lauert der Dschungel, wo die Gewalt allkläglich und handgemacht bleibt. Die zivilisierte Welt reagiert einerseits mit Schreckstarre, Appeasement und Verständnis, andrerseits mit kalter, aggressionsfreier Bürokratie, Drohungen oder sonstigen Maßnahmen, die, je entfernter, kontakt- und gesichtsloser sie sind, als um so moralischer gelten. Demgegenüber zieht es tausende von Wohlstandskindern dahin, selbst Hand anzulegen, auf welcher Seite auch immer. Eine Schwangere im Krankenhaus während der Entbindung zu erschießen, ist barbarisch. Bombardierung eines Krankenhauses als Kollateralschaden einer von der internationalen Staatengemeinschaft geleiteten Friedensmission ist zivilisiert, »ist« der Preis für die Durchsetzung des Friedens. Im Kampf gegen den Terror hatte man auch im Falle des Islamischen Staats mehr Opfer zu beklagen, als dieser Protostaat in der Lage war, selber zu erzeugen.

14

IMMER NOCH STURM. — Mit *Immer noch Sturm* verwörtlicht Peter Handke, wie die slowenische Minorität in Österreich den zweiten Weltkrieg erlebt. Das kristallisiert sich an seiner eigenen Familie. Differenziert beschreibt er, wie die Familienmitglieder auf den Ausbruch des Kriegs reagierten. Es tritt auch die ältere Schwester der Mutter auf, Ursula, die von der Familie schlecht behandelt wurde. Sie sagt: »Im Krieg, so habe ich gedacht, werde ich endlich meinen Platz finden.« Selbst die Mutter, die im Krieg einen ihrer Brüder verliert, sagt: »Ja, ohne Krieg hätten wir nie einander geschrieben. Ohne den Krieg hätte ich nichts Schriftliches in der Hand von meinen Brüdern. Ah,

der Krieg! Gelobt seist du, Krieg! Durch dich sind meine
Brüder in der Welt herumgekommen.« Einer der Brüder
sagt: »Mir persönlich hat der Krieg bis jetzt fast nur Gutes
gebracht, nicht wahr? Sogar Deutschland ist für mich
schon der Westen, das Weltoffene.«

Handke entschleiert jene Motive, die Goodman dafür
benennt, dass Leute sich mit dem Krieg, oder, wie er sagt,
dem *Massenselbstmord ohne Schuldgefühle* identifizieren: Sie
bestehen darin, aus dem Käfig ausbrechen zu wollen, den
die gesellschaftlichen Umstände um ihren Körper gelegt
haben. Aber Krieg ist keine Lösung. Überdies reflektiert
Handke, was Goodman gegen bewaffneten Kampf allgemein einwandte: Die Widerstandskämpfer richten zwei
Leute hin, die sich ihrer Meinung nach nicht konform verhalten haben. Einer der Widerstandskämpfer erschrickt
über sich selber, als er gegen einen Säugling wütet, Kind
einer Slowenin und eines Deutschen; er bemerkt nämlich,
»dass ich sogar in dem käsigen Säugling da den Feind
sehe«. Schließlich schlägt »der gute Frieden in einen bösen
um«, wie der Erzähler resigniert feststellt, denn die Widerstandskämpfer werden im Nachkriegsösterreich schnell
zu Aussätzigen. Krieg bringt keine positive Lösung, ist
nicht positive Aggression im Sinne gestalttherapeutischer
Aggressionstheorie: Krieg ist keine Praxis der Befreiung.

15

Wer Frieden wolle, sagte Paul Goodman, der müsse ihn
führen wie einen Krieg (»waging peace«), also erkämpfen,
um das Unbehagen in der Kultur zu vermaiden. Wie das
gehen soll, wissen wir noch nicht. Aber es lohnt mehr sich,
sich hierüber Gedanken zu machen, als im Trott der ein-
gefahrenen Bahnen fortzufahren, obwohl doch feststeht,
wo dies hinführt, nicht erst in hunderttausend Jahren.

IM RAND LITERARISCHER WAHRHEIT. — Ayn Rand wurde als deutschstämmige Jüdin in Sankt Petersburg geboren. Bereits im Alter von neun Jahren beschloss sie, Schriftstellerin zu werden. Als sie 12 Jahre alt war, erlebte sie die Oktoberrevolution mit. Nach einem Studium an der Filmhochschule in Moskau erhielt sie die Erlaubnis, in den USA Verwandte zu besuchen. Sie kehrte nie zurück.

In Hollywood lernte Ayn Rand den Filmregisseur Cecil DeMille kennen. Die nächsten Jahre verbrachte sie mit Gelegenheitsarbeiten und als Drehbuchautorin. 1936 kam ihr Roman *We the Living* heraus. Er basiert auf Rands Erfahrungen in Russland und nimmt den Kollektivismus aufs Korn. Das Manuskript des nächsten Romans *The Fountainhead* wiesen etliche Verlage zurück, denn in jener Zeit war das intellektuelle Klima der USA linksgerichtet, bis er 1943 erscheinen konte. Die Verfilmung (Regie: King Vidor) verzögerte sich bis 1949. Ayn Rands Hauptwerk ist *Atlas Shrugged* (1957). Danach konzentrierte Ayn Rand sich auf ihre Philosophie des »Objektivismus«.

Dass Ayn Rands Romane zur Thesenliteratur gehören, gilt unter Anhängern ebenso wie unter Gegnern als ausgemacht. Man mag Ayn Rands Romane, wenn man mit ihren philosophischen und ästhetischen Thesen übereinstimmt; man lehnt sie ab, wenn man Einwände gegen die Thesen hat. Das lässt ihren literarischen Wert bezweifeln: Sind Personen und Handlungen bloß dazu da, Prinzipien zu verdeutlichen? Literatur ist stärker als Prinzipien: Selbst in der Literatur kommt man mit Konstruktivismus, mit dem Bau der Welt aus Prinzipien nicht weit.

Ayn Rand will jede Wahrheit mit Hilfe des logischen Prinzips *Widerspruchslosigkeit* aus dem anthropologischen Prinzip *Lebensbejahung* ableiten. Aus der Lebensbejahung folgt, dass jeder Mensch über sich selbst und die Produkte seiner Arbeit verfügen können muss. Ohne Verfügung über sich selbst (über den eigenen Willen und den eigenen Körper) und ohne Verfügung über die Produkte seiner Arbeit (Lebensmittel im weitesten Sinne) stirbt der Mensch. Diese lebenswichtige Verfügung über sich selbst sicherzustellen, ist der Sinn des Eigentumsrechts. Jede Verletzung des Eigentumsrechts beeinträchtigt sowohl die Lebensbejahung als auch die Widerspruchslosigkeit.

Das Eigentumsrecht scheint zunächst den Egoismus zu begünstigen. Genauer betrachtet kann der Eigentümer sein Eigentum oder Teile davon aber Anderen ohne eine Gegenleistung zur Verfügung stellen. Daraus ergibt sich kein logischer Widerspruch, solange dieser Vorgang freiwillig bleibt. Dennoch überzieht Ayn Rand freiwilligen Altruismus in atemberaubenden Parodien mit beißendem Spott und unbändigem Hass. Der Spott bezieht sich darauf, dass Rand den Altruisten eigennützige Interessen nachweist: Sie sind Egoisten. Der Hass fußt auf der Einsicht, dass der Schritt vom freiwilligen Altruismus zur Forderung, nicht-altruistische Egoisten zum Altruismus zu zwingen, ein kleiner ist. Die enge Verbindung des freiwilligen mit dem erzwungenen Altruismus stellt jedoch keine logische dar, sondern eine psychologische.

17

Das brüchige Verhältnis von Egoismus und Altruismus wird an einer schönen Stelle in *The Fountainhead* deutlich. Der Architekt Howard Roark, Protagonist des Romans, lehnt einen lukrativen Auftrag ab, weil er, um ihn zu bekommen, einen ästhetischen Kompromiss hätte eingehen müssen: »Müssen Sie denn unbedingt so fanatisch selbstlos sein?«, fragt der potenzielle Auftraggeber. Roark hält

Die Träume einer Nacht haben alle das gleiche Thema, wie verborgen auch immer, behauptet Sigmund Freud. Das Thema eines Künstlers, ob Stein- oder Wortmetz oder Filmemacher, bleibt ein Leben lang gleich: Wir leben einen Traum. Wir leben im Traum.

D43 T723863 34637
N2248 42236 2553
327 4534243 T4362,
943 837267436 2824
46637, 234287838
S446863 F7383.
D27 T4362 34637
K836785377, 62 S834-
6337 W6786389 6337
F4563622437, 253428
346 L3236 5264
453424: W47 53236
34636 T7286.
W47 53236 46 T7286.

dagegen: »[Die Ablehnung des Auftrags] war das Eigennützigste, was Sie je einen Menschen haben tun sehen.«

Dem *Erzähler* ist klar, dass die gleiche Handlung sowohl altruistisch als auch egoistisch sein kann. Vom Überlebensinteresse aus betrachtet, war er altruistisch: Roark hat das Prinzip (ästhetische Konsequenz) über das Überlebensinteresse gestellt. Unter dem Gesichtspunkt, dass ästhetische Konsequenz Roarks *eigenes* Prinzip ist, ist derselbe Vorgang egoistisch.

Roarks Kompromisslosigkeit hat ihn für potenzielle Auftraggeber unmöglich gemacht. Den Lieblingsplan von ihm, eine funktionale Siedlung für Mieter mit geringem Einkommen (»Cortlandt-Siedlung«), will er realisieren, indem er einen allgemein anerkannten, aber unkreativen Freund als Strohmann benutzt. Der Freund muss ihm versichern, das Cortlandt-Projekt kompromisslos durchzuführen, ohne dass der Name Roark jemals genannt wird. Roark spricht von »heiligem Vertrauen«, dass er in seinen Freund setzt. Es kommt, wie es kommen muss: Es werden doch Kompromisse eingegangen. Am Ende sprengt Roark den Gebäudekomplex in die Luft, bevor er bezogen wird. In der sich an diesen Akt des Vandalismus anschließenden Gerichtsverhandlung rechtfertigt Roark sich: »Ich habe Cortlandt entworfen. […] Ich habe es vernichtet, weil ich es so nicht gewollt hatte.«

Ohne die Frage zu erörtern, ob es sich bei der ursprünglichen Abmachung zwischen Howard Roark und seinem Freund um einen rechtsgültigen Vertrag handelt, bleibt festzuhalten, dass seine Tat einen schwerwiegenden Verstoß gegen das Eigentumsrecht beinhaltet. Auch wenn es sich um einen rechtsgültigen Vertrag gehandelt haben sollte (was freilich sogar Roark bezweifelt), hätte er damit nur einen Regressanspruch gegen seinen Freund, nicht freilich gegen diejenigen, mit deren Geld das Cortlandt-Projekt gebaut worden ist. Denn mit diesen hatte Roark weder Vertrag noch eine heilige Abmachung (für eine erklärte Atheistin wie Ayn Rand ein problematischer Rekurs auf eine religiöse Vertragsform). Vielmehr bestand das Ziel der Abmachung darin, dass die Bauherren die Autorenschaft von Roark nicht erfahren sollten.

So besehen befindet Ayn Rand sich als Produzentin von Thesenliteratur im Selbstwiderspruch, nicht dagegen ihre Figur Howard Roark. Für Roark stellen nämlich weder Widerspruchslosigkeit noch Eigentumsrecht die obersten Prinzipien dar; vielmehr folgt er der kompromisslosen Umsetzung seiner ästhetischen Vorstellung als oberstem Prinzip. Die Verletzung seiner ästhetischen Vorstellung löst in ihm einen heiligen Zorn aus, der ihm die Erlaubnis gibt, gegen das Eigeninteresse und gegen das Eigentumsrecht zu handeln. Damit kündigt Roark seine papierene Rolle als das Sprachrohr von Ayn Rand auf und wird zum lebendigen Menschen. *The Fountainhead* ist ein Beispiel echter Literatur. Ayn Rand zeigt, dass das Leben aus mehr besteht als aus Prinzipien, gerade weil ihr Protagonist so kompromisslos seinem Prinzip treu ist.

18

Konstrukte sowohl der Objektivisten als auch der Gutmenschen versagen vor der Wirklichkeit.

19

GRÜSSE AUS DEM LEHMBAUTURM VON BABEL. — Der Roman *Das Terrain* von Frank Steinhofer (2021) beginnt mit dem Eifer des Jungarchitekten Viktor Sørless, ein Bauwerk aus puren idealistischen Prinzipien zu erstellen, und er endet mit dessen Sprengung. Wen das nicht aufhorchen lässt, den klären die Anmerkungen auf, indem sie zwischen unverdächtigen Einflüssen wie Emmanuel Levinas und Rainer Maria Rilke auch Ayn Rand nennen. Merkwürdig, denn der Roman riecht nach Natur-Vegan-Antikolonial-Diversity-Einheitsbrei.

Der unerfahrene, bislang auftragslose Viktor ergattert mit ein bisschen Schummeln den Großauftrag, mitten im mexikanischen Dschungel ein Museum hochzuziehen, das Naturverbundenheit, Respekt vor indigenen Kulturen und moderne Kunst verbinden sowie als heilender Ort für die Welt dienen soll. Auftraggeberin ist die milliardenschwere Erbin Fernanda Raíz, die meint, ihr Geld für den guten Zweck einsetzen zu sollen. Klingt altruistisch? Jedoch setzt Fernanda ihr *eigenes* Geld ein, um ihren *eigenen* Plan zu verwirklichen, nicht das Geld anderer Leute und ebensowenig sozialisiert sie ihr Geld, indem sie es einfach weggibt. Sie gibt es ganz egoistisch nur für gute Arbeit weg und für Arbeit in genau ihrem Sinne.

In Mexiko zu bauen heißt, sich auf kriminelle Machenschaften einzulassen (Klischee?). Fernandas Projektleiter ist Schwerverbrecher, seine linke Hand Auftragsmörder. Fernanda schwant, dass ihr Ort der Heilung mit Blut getränkt ist. Auch Architekt Viktor realisiert, wie weit er mit seinem Erfolg von den Machenschaften des kriminellen Projektleiters abhängt. Zudem muss er Kompromisse bei der Konstruktion eingehen: Rein als Lehmbau angedacht, bedarf das Museum eines Fundaments aus Beton.

Für das Ende sind von den bei der Museums-Eröffnung eingeladenen Künstlern entscheidend die »Magmatürme« des Afrikaners Mwamba. Er hatte in jahrzehntelanger, nicht-legaler Arbeit Kunstwerke gesammelt, die man aus westlichen Museen geraubt hat. Sie sollen in den Türmen ausgestellt, aber zur Eröffnung des Dschungel-Museums gesprengt werden (es sei denn, westliche Museen würden vorher die eigene Raubkunst an die indigene Bevölkerung zurückgeben). Unter diesen Kunstwerken soll sich sogar ein echter Rembrandt befinden. Allerdings erfährt Viktor während der Eröffnung, dass Mwamba vor der eigenen Radikalität einknickt ist: Er ließ die echten Kunstwerke beiseite schaffen und durch Kopien ersetzen.

Der Roman endet mit dem Countdown zur Sprengung. Ich bin sicher, kein anderer Schluss sei möglich, als dass eben nicht bloß die »Magmatürme«, sondern das ganze Museum und mit ihm alle Beteiligten und Eröffnungs-besucher in die Luft gejagt werden. Wer erweiterten Sui-zid begeht, ist unklar. Alle Hauptfiguren haben sich in eine aussichtslose Position manövriert, die Gesichtsverlust, ver-mutlich zudem strafrechtliche Verfolgung oder Vendetta konkurrierender Banden nach sich ziehen würde.

20

Es zeigt sich nun, dass die Welt weder nach den Maß-gaben der gendergerechten Gutmenschen funktioniert noch nach denen der egomanischen Objektivisten: Trotz anscheinend konträrer inhaltlicher Füllung meinen beide, die Treue zu eigenen Prinzipien (statt zu Menschen) wäre *erstens* möglich und *zweitens* heilsam. Wie bei Ayn Rand ist im *Terrain* selbst Sex Gegenstand von Prinzipien statt von Liebe oder Begehren. Doch keiner wird damit glücklich, weder die feministische Karla, noch ihr Gigolo Benedetto, Pornodarsteller und Viktors bester Freund, für den sie den einfühlsamen Viktor rechts liegen lässt. An der Kontakt-grenze aber schlägt die Stunde der Wahrheit.

Doch was wäre Literatur schon wert, wenn sie nicht die *große Verweigerung* gegenüber »der« Wahrheit zelebrieren würde? *For Whom the Bell Tolls*.

Die gleichen Initialen wie Howard Roark trägt einer der Protagonisten von *Atlas Shrugged*, Hank Rearden. Rearden ist Stahlunternehmer, der einen genialen neuen Werkstoff entwickelt hat. Seine Frau partizipiert zwar gern von den großen Einkünften und dem hohen Status ihres Mannes, verachtet jedoch seine Tätigkeit, seine unternehmerische Leidenschaft und ganz besonders seinen neuen Werkstoff. Die Frage, warum Rearden denn diese Frau geheiratet hat oder warum er bei ihr bleibt, wird wohlweislich nicht beantwortet, drängt sich dem Leser jedoch unmittelbar auf. Bietet sie Rearden etwas, das er bei anderen Menschen (oder von sich selber) nicht erhält? Dann handelt es sich um einen Deal, der nach den Prinzipien von Ayn Rand als lobenswerter Egoismus zu bezeichnen wäre. Oder ist er so schwach, dass er sich der Überwältigung durch seine Frau nicht entziehen kann? Dann wäre er ein Weichei, das Ayn Rands Ideal des selbstgenügsamen Mannes widerspricht.

Dagny Taggart, der andere Protagonist des Romans, glaubt an Reardens neuen Werkstoff. Sie verschafft ihm den ersten Großauftrag und gibt ihm die Anerkennung, nach der er hungert. Was der Leser erwartet, geschieht: Die beiden gehen zusammen ins Bett. Romantischer Kuss; Ende gut, alles gut. Vorhang. Nicht so bei Ayn Rand.

Die Empfindung »als wären sie zu einem Wesen verschmolzen, als gäbe es keine Trennung zwischen Körper und Geist«, die gemeinhin als höchstmögliche Erfüllung sexueller Vereinigung gilt, stellt für Dagny und Hank einen unerträglichen Angriff auf ihre jeweilige Identität als selbstgenügsame Wesen dar. Sie erkennen in einander »das Gesicht eines Feindes«. Der Wunsch nach Liebe wird sadomasochistisch erlebt: »Er warf ihren Kopf zurück und presste seine Lippen […] auf ihre, als wollte er ihr eine Wunde zufügen.« Nach dem Liebesakt versichern sie sich gegenseitig wortreich, dass sie sich vor sich selbst ekeln und jede Selbstachtung verloren haben. Vor allem aber bestehen beide darauf, dass sie einander nicht lieben und bloß eine rein animalische Begierde auf den Körper des Anderen empfinden.

Die überwunden geglaubte Aufhebung der Trennung von Körper und Geist wird auf diese Weise um so heftiger verbal bekräftigt. Dabei hat der Leser genau das Gegenteil in den vielen Seiten erlebt, die vorausgehen: Zwischen Dagny und Hank besteht eine Seelenverwandtschaft, der die körperliche Vereinigung hinzugefügt werden könnte.

Weshalb verweigert uns Ayn Rand dieses Happy End?

22

Die Wahrheit der Literatur besteht nicht im Beantworten von Fragen, vielmehr darin, Fragen aufzuwerfen.

23

Ein Roman entsteht nicht bloß aus der Feder des Autors, sondern auch im Kopf des Lesers. Es ist wie ein Liebesakt: Autor und Leser verschmelzen zu einem Wesen, als gäbe es keine Trennung zwischen Körper und Geist, ob unserer Autorin Ayn Rand das schmeckt oder nicht. Es gibt keine Umsetzung, über die der Autor noch Kontrolle hätte.

24

Literatur ist mehr als Philosophie. Sie ist die Wahrheit des Lebens, nicht des Denkens: Verstoß gegen Eindeutigkeit.

Manche Philosophie kann Literatur auch widerlegen, so den Konstruktivismus und den Objektivismus, die weit auseinander liegende Positionen markieren und sich doch *irgendwo* treffen wie die Parallelen in der Unendlichkeit.

FRUCHTFLEISCH
(oder?: nur -fliegen sind schöner)

1

»BANGE MACHEN GILDET NICHT.« — Alle Aussagen von Philosophen, Kritikern oder Wissenschaftlern über »das« (oder »ein«) Kunstwerk bleiben für den Künstler unbefriedigend, der bang sich fragt, ob sein Werk ein Kunstwerk sei. Jene scheinen es zu wissen, aber nicht preiszugeben. Denn sie wissen es erst, wenn die *vox populi* entschieden hat: Das ist ein Kunstwerk!, weil genügend viele von uns es dafür halten.

2

AUTOBIBLIOGRAPHIE. — Biographisch frühe Einflüsse weisen den Weg zu einer zentralen Potenz der Literatur: Sie weisen den Weg, zeigen die Welt, eröffnen die Welt – die Welt, die ja vornehmlich aus Worten gebaut ist. Ohne Worte ist sie nicht hier und nicht dort, könnte sie nicht wahrgenommen werden. Sie ist jedoch auch jenseits der Worte da: Worte weisen in jenem Diesseits auf dieses Jenseits. Ohne ein Jenseits wären auch die Worte nicht hier. So wichtig, zentral und entscheidend die Macht der Worte ist, diese Welt zu bauen, wären sie ohne jene Welt inhaltslos, bedeutungslos, würden nichts zeigen, nichts bauen. Diesseits und Jenseits zusammenhalten: das kann Literatur.

3

DU = ICH | ICH ≠ DU. — Wenn du ein Stück von einem Wortmetz liest, magst du es oder nicht. Oder du magst es zuerst nicht, dann aber lernst du es schätzen. Oder du magst es zuerst, später aber weißt du nicht mehr, was du mal daran fandst.

Was sind die Gründe? Gibt es feststehende Kriterien, wiederkehrende Muster?

Und wenn du eine Handvoll Kriterien benennst, sind es die wirklichen Gründe? oder bloß, was du denkst, es seien sie.

Wenn dir jemand einen Text zu lesen gibt und obendrein belegen kann, dass er deine Kriterien erfüllt, wirst du den Text lieben? Vielleicht ja, vielleicht nein.

Wenn du vorgibst, eine Person, in die du dich verlieben könntest, müsse eine Liste von Kriterien erfüllen, und, gesetzt, du seist auf der Suche, jemand präsentierte dir eine Person, die deine Kriterien erfüllt, wirst du dich in die beschriebene Person verlieben? Vielleicht nein, vielleicht ja.

So ist es auch mit einem Text. Man kann sich gut lesen oder nicht riechen.

4

DAS KANN LITERATUR. — Die doppelte Subjekthaftigkeit – oder besser: Privatheit – der Literatur: Autor und Leser: hierin zeigt sich die gesellschaftliche Bedeutung der Literatur. Die Uneigentlichkeit dieser ist nicht un-, vielmehr anti-politisch. Sie verweigert sich der Propaganda. Oder umgekehrt: Propaganda ist keine Literatur, kein Werk von Wortmetzen, sondern Stimmungskanonen. Das bewahrheitet sich besonders an denjenigen Dichtern, die propagandistisch wirken wollten wie zum Beispiel Bertolt Brecht (Kommunist) und Ezra Pound (Faschist): Wo sie propagandistisch waren, waren sie Sprüche- und Steineklopfer und keine Wortmetzen; hatten paradox keine oder nur eingeschränkte Wirkung in ihrem gemeinten Sinne;

wo sie Wortmetzen waren, da lassen sich ihre Werke eben auch gegen die eigenen politischen Interessen lesen und sie wirken. Wohlgemerkt: *der* Kanon, *die* Kanone.

Das Private der Literatur widerstreitet aber nicht dem Sozialen, sondern der Macht. Es beraubt sie der Macht, Einfluss auf das Soziale zu nehmen. Und es stattet sie mit der Macht aus, gegen die machtpolitische Überformung des Sozialen aufzubegehren. Dass sie den Machthabern gegenüber nicht ohnmächtig ist, zeigt sich darin, dass die Machthaber niemals es verabsäumen, die privatistische, eskapistische Literatur zu zensieren. Es ist das alte Lied der Machthaber in neuer Vertonung, wenn die, die in der Demokratie herrschen, behaupten, es gäbe keine Zensur (diese residiere nur in den Nicht-Demokratien wie China, Iran und Russland), weil ja nur das zensiert werde, was gesellschaftlich schädlich ist. Genau so hält's der Iran. Alle Meinungsäußerungen und alle Literatur sind erlaubt, bis auf diejenigen, die das Grundgesetz der Gesellschaft, den politischen Islam, infrage stellen.

Ob es die Verpflichtung auf Fortschrittlichkeit, Moral, Natur, Religion, Sittlichkeit, Tradition, Volk, Gesundheit oder Gebrauch des Gendersternchens ist, der Eingriff in Sprache, auch der kleinste, tötet den Geist der Literatur. Doch die Macht der Literatur ist so groß, dass selbst der, der ein treuer Lakai der Macht sein will und alle ihre Befehle gehorsam ausführt, früher oder später dem Verdikt des Machthabers verfallen und als ein Ketzer verbrannt werden wird: Denn die Logik der Macht verlangt, dass man sich stets den wechselnden Bedingungen unterwirft, während das, was ich geschrieben habe, festgehalten ist. Sogar wenn ich es in Gehorsam widerrufe, bleibt es ein Stachel im Fleisch der Macht, bis es vollständig getilgt ist.

KANN LITERATUR MEHR? — Bei Autoren, die sowohl literarisch als auch philosophische Schriften vorlegen – zum Beispiel Jean-Paul Sartre, Paul Goodman und ich selber – verdichtet sich die Frage (lässt sie sich empirisch beobachten als Introspektion [wenn über sie eine Auskunft vorliegt] oder als externe Analyse): wann die eine oder andere Ausdrucksform angemessen ist. Über Sartre sage ich nichts, da ich ihn sowieso verabscheue. Goodman meinte, er habe sich von der Literatur ab- und der soziologischen Theorie zugewandt, weil im Spätetatismus nicht mehr ausgemacht werden könne, wer der Gegner sei. Der Gegner sei das anonyme System, das für Dramatisierung nicht zur Verfügung stünde. Bei mir ist's umgekehrt: Dort, wo die Theorie an die Grenzen stößt, weil sie nach mehr Eindeutigkeit verlangt, als gegeben ist, muss die Literatur einspringen als Träger der Doppelbödigkeit.

MAHNMAL des »unanerkannten Künstlers«. — Auch der Kritiker, Stein- oder Wortmetz, der Kommerzialisierung, Kulturindustrie und Marktgesellschaft ablehnt, rekurriert auf einen Kanon der Bildungsbürgerlichkeit, die zwar behauptet, mehrheitsfähig zu sein, jedoch von Exklusivität lebt. Wer von ihnen, Hilde Domin sei ehrenvoll ausgenommen, würde einen *unbekannten* Künstler der Gegenwart hofieren (ausgenommen, natürlich, sich selber)? – »der Gegenwart«: irgendein verkanntes Genie der Vergangenheit wiederzuentdecken = zu kommerzialisieren, ist dagegen höchste Tugend des Bildungsbürgertums. Das Bildungsbürgertum ist übrigens lange nicht tot, sondern höchst lebendig, allerdings in Form einer kostümreifen Antibürgerlichkeit, die derzeit zielstrebig auf dem Weg ist,

Geschrieben in den Nullerjahren; aus: Paul Goodman, Marie T. Martin, Stefan Blankertz, kleine gebete, 2015.

Lieber Paul,

Du warst und bist mein Lehrer und meine Inspiration. Als Jugendlicher und junger Erwachsener habe ich die in Deinen Texten erwähnten Autoren, die mich faszinierten, nachgeforscht und nachgelesen. So hat sich mir die Welt des Denkens von der Antike bis heute erschlossen. Sowohl durch Deine als auch an Deinen Schriften habe ich das Interpretieren gelernt. Ich versuche, dieses Können an die nachfolgende Generation von Gestalttherapeuten (das einzige Publikum, das ich lange Zeit hatte) weiterzugeben. Dafür wollte ich Dir danken. Danke, Paul.

Was Deinen Weg vom Literaten zum psychologischen und soziologischen Denker betrifft, gehe ich den umgekehrten Weg. Du hast in den 1930er und 1940er als Schriftsteller begonnen, bis Du ab den 1950er Jahren zu dem Punkt gekommen bist, an welchem Du das Gefühl hattest, dass Literatur nicht mehr weiterhelfe: Das Leben unter der Bedingung der "organized society" (etwa: "verwaltete Welt") war in Deinen Augen zu "absurd" und fad geworden, um daraus dramatische Szenen und dreidimensionale Figuren machen zu können. Du meintest, Literatur würde eine Gestalt des Lebens voraussetzen, die durch die Umstände aber bedroht zu sein schien. Darum hast Du Dich psychologischen und soziologischen Analysen zugewandt, die die Entwicklung in diese Richtung erklären können. Und Du hast Dich dann mit denen verbündet, die in den 1960er Jahren politisch gegen diese Entwicklung aufbegehrt haben. Für mich dawider setzte die politische, soziologische und schließlich psychologische Theorie eine prinzipielle Gewissheit über Gut und Böse voraus, die mir immer mehr abhanden kommt. Die Zwischentöne und die Ambivalenzen kann ich nur durch Literatur ausdrücken.

Mein Bindeglied zwischen der literarischen und der wissenschaftlichen Welt ist die Theologie, die ich auch Dir und Deinen Hinweisen auf Thomas von Aquin zu verdanken habe. Wie sonst als auf diese Weise hätte ich als Kind der atheistischen 1960er Jahre zur Theologie und zum Christentum gefunden? Danke, Paul.

Ich wünsche mir, dass, wo immer und wie immer Du jetzt existierst, Deine Augen wohlgefällig auf mir ruhen mögen,

Dein Schüler und Freund Stefan

die Macht zu ergreifen. Und wenn sie einen unbekannten Künstler der Gegenwart hofieren würden: macht ihn dies zum Gegenstand der verachteten Marktgesellschaft. Das heißt: Der unbekannte Künstler der Gegenwart muss ihnen unbekannt bleiben und seine Existenz in der Versenkung fristen. Er ist ihr Held, aber ihr unanerkannter. Sie können ihm nicht danken. Danke, Arschbacken, behaltet auch eure Hochschätzung für euch.

7

KULTURINDUSTRIE ist ein guter und trefflicher Kampfbegriff von Theodor W. Adorno. Seine Adepten bis heute lesen ihn in dem ihnen eigenen primitiven Antikapitalismus als ausschließlich auf das private (Markt-) Handeln bezogen, ohne zu analysieren, in welcher Tiefe die Staatsgewalt um sie herum nicht nur eingreift, nein, sie geradezu formiert-konstituiert. Das ist, freilich, nicht marxistisch: Marx wusste genau, dass die Marktgesellschaft keine ist, vielmehr Produkt der ursprünglichen Akkumulation, die kontinuierlich von der Staatsgewalt abhängt und ohne sie nicht aufrecht zu erhalten wäre.

Bezeichnenderweise sind viele der avantgardistischen Künstler und ihrer philosophischen Fürsprecher auf der materiellen Ebene nicht nur radikale Individualisten, vielmehr auch Einzelgänger, angewiesen darauf, dass die Gesellschaft ihnen die Luft zum Atmen nicht nimmt (was sie, weil sie Masse ist, unzweifelhaft kann); auf der ideellen (um nicht zu sagen: ideologischen) Ebene aber sind sie allzuoft mit der Staatsgewalt verbandelt und treten gegen den Individualismus sowie als die Fürsprecher des Staatssozialismus auf, der mit ihnen, wann immer er die Macht ergreift, kurzen Prozess macht. Geschieht ihnen Recht, doch denkt an die *unschuldigen* Opfer.

ÖKONOMIE *nicht überlebt*. — Die (kritisch-) marxistische Frage nach der Ökonomie der Kunstproduktion, in der herrschenden Meinung (Meinung der Herrschenden) noch immer rituell gegen den nicht vorhandenen Markt gerichtet, stellt sich neu im originalen wie im originellen Sinne von Marx: Was bedeutet, dass Literatur zunehmend von institutionellen »öffentlichen (das heißt: staatlichen oder staatsnahen) Sponsoren« finanziert wird?

Aus dieser ökonomischen Basis der Kunstproduktion heraus ist zu erklären, warum die »Kulturschaffenden« immer noch ihren Hass wider den Markt auf der Zunge tragen, während sie gegen die wahren Bedingungen ihrer Reproduktion, die die Staatsgewalt exekutiert, kein Wort verlieren; mehr noch: jeden, der es wagt, die Gewalt des Staats in Frage zu stellen, als Volks- oder Klimaschädling an den sprachlich sublimierten Pranger stellen.

9

IST AUTONOMIE AUTONOM? — Die Idee, Literatur sei autonom, ist lächerlich. Wer schreibt, schreibt in einer Sprache, die, wenn sie etwas mitteilen kann, irgendwer verstehen können muss und die der Schreibende in irgendeiner Gemeinschaft erworben hat. Wer schreibt, ist ein Lebewesen, das sich irgendwie reproduzieren (d. h. er-wärmen, schützen) muss (oder, wenn er kein Lebewesen, sondern künstliche Intelligenz ist, muss für Akkuleistung und Trockenheit gesorgt sein), sonst könnte nicht ge-schrieben werden. Also hat er *qua Existenz* ökonomische Interessen, die jenseits des Schreibens liegen. Wer schreibt, schreibt über irgendetwas, wie abstrakt auch immer, das ihn mit der Welt verbindet; selbst wenn er über das Schreiben schreibt, ist dieses Schreiben dann seine

Umgebung; selbst wenn er ein völlig abstraktes Laut-gedicht schreibt, bezieht er die Inspiration aus der Um-gebung und sein Klang ist für den Leser: Umgebung.

Autonomie der Literatur hat wie überall sonst nur eine Bedeutung als Ausdruck für den Freiheitsgrad, den der Wortmetz in seinem Handeln bewahrt und erlangt, das heißt im *Widerstand*.

Auch Literatur ist gesellschaftlich und nicht autonom, sondern Gegenstand politischer Einwirkungen der Staats-gewalt. Die Behauptung der Autonomie der Literatur ist in diesem Zusammenhang Ideologie der demokratischen Staatsgewalt, die damit anzeigt, dass es keines Wider-stands durch die Wortmetzen mehr bedürfe: Sie könnten sich umstandslos in die Claqueure der Staatsgewalt ein-reihen, ohne ihre Autonomie zu gefährden, ja, sie würden sie durch Kritiklosigkeit der Gewalt des Staats gegenüber geradezu bewahren. So sind für die herrschende Meinung als Meinung der Herrschenden die Eingriffe in die freie Weitergabe von Informationen und die Äußerung von Meinungen nur dann Vergehen wider die Autonomie der Kunst, wenn sie in China, Iran oder Russland stattfinden, nicht aber, wenn demokratische Staaten sie vornehmen und durch zum Korporatismus erpresste Konzerne namens des Schutzes der Gesellschaft exekutieren lassen. Die Ge-walt der Mehrheit ist sakrosankt. In diesem Sinne droht kein neuer Faschismus, sondern er wurde gar nicht über-wunden.

Product-Placement

Dass eine künstliche Intelligenz vor Strommangel so viel existenzielle Angst haben wird wie Lebewesen vor Mangel an Nahrung oder Flüssigkeit, habe ich in *Das Miriamslied* beschrieben. Sehr lehrreich und kurzwellig.

POSITIVE KRITERIEN. — Meine drei positiven Kriterien für »gute Verschreibkunst«, die ich meine, aus der Analyse meiner Listen (weiter oben …) gewonnen zu haben, lauten:

1. (formal): **Experimentell**. Sprachspielerisch. Regelverletzend. Wer mit dem Hinweis, ein Text sei ein Gewebe von Texten, meint, belegt zu haben, dass es Originalität nicht geben könne, sollte seine Bildersprache überprüfen. Natürlich lässt aus alten Fäden sich ein neues Gewebe spinnen, lässt aus alten Flicken sich ein originelles Bild quillten.

2. (formal): **Herausfordernd**. Widerständig gegen eine Sofortkonsumtion. Gegen den Trend zum *easy reading*, der das Ende des Wortmetz-Handwerks einläutet. Andererseits: Wer seinen Text als Rätsel anlegt, das der Leser wie ein Kreuzwort lösen soll, ist eben ein Idiot (zugegebenerweise tappt mein angehimmelter Arno Schmidt allzu oft in diese Falle), der meine Zeit verschwendet. Die Herausforderung muss mir darüber hinaus, sie zu entschlüsseln, etwas »geben« (dies ist freilich ein inhaltliches Kriterium). Sprache, die nur auf sich selbst verweist, wäre langweilig.

3. (inhaltlich): **Augenöffnend**. Hilft, die Welt »anders« zu sehen, zu verstehen, eröffnet neue Blickwinkel. Eins der möglichen augenöffnenden Kniffe ist die »Verfremdung« (dieser Kniff ist freilich formal, sodass das inhaltliche zugleich ein formales Kriterium bleibt).

Aber gibt es nicht auch soetwas wie?:

a. **Spontansympathie**, also »Liebe auf das erste Wort«.

b. **Späte Liebe**, z. B. (bei mir) Onetti, besonders *Wenn es nicht mehr wichtig ist*. Direkt nach dem Erscheinen von Mario Vargas Llosas *Die Welt des Juan Carlos Onetti* hatte ich ihn entdeckt und ganz spontan *Für diese Nacht* ins Herz geschlossen. Doch *Wenn es nicht mehr wichtig ist* fand ich irgendwo zwischen abartig und langweilig, sodass ich aufhörte, weitere Bücher von ihm zu lesen, bis ich rund ein Jahrzehnt später *Wenn es nicht mehr wichtig ist* wiederentdeckte (☞ Experiment 1) und Feuer fing. Mehr dazu in der »Fake Poetik Vorlesung« (🕮 oben …). Liegen die spontanen oder verspäteten Reaktionen jenseits der scheinbar rationalen Kriterien? Sind die emotionalen Reaktionen aufklärbar?

11

NEGATIVE KRITERIEN. — Meine negativen Kriterien für »schlechte Verscheibkunst«, die ich meine, aus der Analyse meiner Listen (🕮 weiter oben…) gewonnen zu haben, lauten:

1. Ein Wortmetz geht schlecht mit seinen Figuren um; das heißt, er belässt ihnen keine Restwürde, selbst wenn sie mies oder böse sind. Dies scheint mir präziser als das geniale Kriterium von Mario Vargas Llosa von der »Wahrheit der Lüge« zu sein. Er sagt, das sprachliche Kunstwerk müsse dem Leser erscheinen, als sei es wahr, obwohl es eine Lüge ist (weil das erzählte Ereignis nicht oder so nicht stattgefunden hat). Die Figuren müssen glaubwürdig sein, sonst ist mir ein Text unverständlich, zuwider oder wird schier zum Verzweifeln langweilig. Aber die Glaubwürdigkeit hängt daran, die Figuren zu behandeln, als seien sie Personen aus Fleisch & Blut, mit ihren Widersprüchen, mit ihrer Konsequenz, mit ihrer guten Absicht, die sich böse auswirkt: Nur diese Dialektik sichert die Kunst des Werks. (Beispiele ☞ #12 und #14.)

2. Ein Wortmetz arbeitet mit moralinsaurer Eindeutigkeit. Dies ist sogar Mario Vargas Llosa mal unterlaufen. In dem *Traum des Kelten* schreibt er gegen den Kolonialismus,

die Homosexuellen-Verfolgung sowie die Unterdrückung der Iren durch das britische Weltreich; sicherlich ehrenwert. Aber war uns das nicht bereits vorher klar? Und wem es nicht klar war, sei ein Geschichtsbuch empfohlen. Dennoch ein großartiger Roman.

3. Ein Wortmetz schreibt reine Propaganda. Dies ist sogar Juan Carlos Onetti mal unterlaufen. In *Der Tod und das Mädchen* geht es um einen Mann, dessen Frau nach dem ersten Kind nicht wieder schwanger werden darf, weil eine zweite Schwangerschaft sie töten würde. Da er ein Katholik ist, meint der Mann nun, weder verhüten noch onanieren noch rumhuren zu dürfen; vermag aber seinen Trieb auch nicht zu töten. In ihrer Erzählstruktur ist die Novelle so wunderbar doppeldeutig wie die besten Werke Onettis, doch die gegen die katholische Sexual- und Ehemoral gerichtete Botschaft ist, obwohl man ihr bloß zustimmen kann, für einen Essay geeignet, nicht für ein Kunstwerk. Dennoch eine großartige Novelle.

Alle meine Negativkriterien sind übrigens inhaltlich. Was bedeutet das? Spielt Stil für mich keine Rolle? Das sicherlich nicht.

12

Ein schlechter Umgang mit den Figuren führt bei mir zu einer spontanen Abwehr. Einmal habe ich versucht, Jean Genet zu lesen, *Die Wände*. Alle Figuren sind hässlich, dumm, arm und benehmen sich widerwärtig. Von Jean-Paul Sartre habe ich den Anfang eines Romans zu lesen versucht, der Name ist mir entfallen und lässt sich nicht rekonstruieren (doch, ließe er sich; die aufzuwendende Zeit wäre mir allerdings zu schade). Jede Figur ist eine Karikatur. Sollte ich über sie lachen? Ich ziehe es freilich vor, sie zu bedauern, weil es sie in die Hände eines solchen

Strolches verschlagen hat. So einer sahnt den Literaturnobelpreis ab! Was sollte man von jemandem erwarten, der den Staatsterroristen Ernesto C. Guevara (in keinerlei Hinsicht ein Widerstandskämpfer und schon gar kein Opfer) den *vollständigsten Menschen seiner Zeit* nannte? Bei Balzac (hat der Kerl eigentlich einen Rufnamen?) hatte ich das Missvergnügen mit *Eugénie Grandet*. Wer Figuren nur aus Vorurteilen zusammensetzt, sollte schweigen. Miethai in Hamburg trifft Marktbetrüger aus Berlin und tut sich mit Geizhals aus Hannover zusammen, um arme Familien ringsum krepieren zu lassen. Dass das Marx gefiel, geschenkt. Alle Andren aber wenden sich in Grausen ab. Wie gesagt: Vorurteile, ungerechte Vorurteile aufgrund unvollständiger, ungenügender Lektüre. Sind aber hartnäckig und behaupten sich.

Ebenso Michel Houellebecq ist übel. Seine *Unterwerfung* habe ich, eher aus politischem Interesse, gelesen. Er verweigert seinen Figuren die Restwürde. Unerträglich. Was ich über seine anderen Machwerke gehört habe, sagt mir, dass es dort genauso gesittet zugeht.

13

DER FLUCH DER KRITERIEN. — Kann ein Wortmetz diese Kriterien, ob positiv oder negativ, auf seine eigene Produktion anwenden? Einen Versuch finden Sie als Experiment 3.

Oder anders. Sind die im Nachhinein (mithin *ex post*, analytisch) gewonnenen Kriterien umkehrbar für eine *ex-ante*-Voraussage, welcher Text mir gefällt? mich anspricht? mich fesselt?

Oder noch anders. Würde ich einen Wortmetz aus dem Kanon nehmen, wenn mir jemand nachweisen könnte, dass er die Kriterien doch nicht erfüllt?

Oder wiederum anders. Könnte ich ihn überhaupt raus-
kicken?, wenn er, wie einige der Autoren auf meiner Liste,
schon lange einen Einfluss auf mich genommen hat, auf
meine ästhetische Wahrnehmung und auf mein eigenes
Schreiben.

Schließlich. Die Kriterien tun, als seien sie analytisch;
doch sie sind hochgradig subjektiv und auch zeitsensibel.
Ob etwas »experimentell« ist, hängt sicherlich davon ab,
ob die Kniffe in einem Text tatsächlich neu oder einfach
abgekupfert sind. Doch nein. Es ist nur die Frage, ob ich
sie schon kenne. Könnte mir jemand nachweisen, dass die
Verschränkung unterschiedlicher Dialoge in den frühen
Romanen Mario Vargas Llosas, vornehmlich in *Das grüne
Haus* und in den *Gesprächen in der Kathedrale*, bereits vor
ihm jemand erprobt hat, würde das dem Umstand, dass
ich den Kniff bei ihm das erste Mal begegnet bin und dass
er mich damit in den Bann schlug, nicht den geringsten
Abbruch tun. Mehr: Würde ich diesen angenommenen
Vorläufer jetzt lesen, könnte es durchaus sein, dass ich ihn
langweilig fände. Die historische Richtigstellung würde
an dieser spontanen emotionalen Reaktion nichts ändern
können.

14

WAS IST »Restwürde«? — Ein Beispiel. Der Ich-Erzähler
in Juan Carlos Onettis Erstling *Der Schacht* (1939), ein
Mann in den vorgeblich besten Jahren, vegetiert in einem
abgedunkelten Zimmer vor sich hin, bringt nix zustande,
wäscht sich nicht, schwitzt, stinkt, verliert sich in seinen
Phantasien. Als Jugendlicher hätte er beinahe ein Mädchen vergewaltigt, was ihn noch weiter unsympathisch
macht. In seiner Phantasie spielt dieses Mädchen eine her-
vorragende Rolle; er spricht mit ihm, er meint, es hier und

da getroffen zu haben und zu treffen, bis nicht mehr eindeutig ist, ob die versuchte Vergewaltigung überhaupt jemals stattgefunden hat. Im Kontext der Unfähigkeit dieses Mannes ist der Aspekt, dass er die Vergewaltigung nicht vollziehen konnte (das Mädchen konnte sich entziehen), der den Leser eigentlich erleichtern sollte, ein Glied der Kette dessen, woran der Mann alles scheiterte. Als Leser ist man hin- und hergerissen zwischen Angewidert- und Empört-Sein. Die bis an die Grenze der Schizophrenie reichenden Phantasien des Mannes, meist Kämpfe mit Dämonen, halten die Verbindung zu seiner menschlichen Kreativität aufrecht. Nur zwei Personen hat er von diesen Phantasien erzählt, einer Dirne und einem Künstler, dem er zufällig vergegnet. Beide reagieren mit Unverständnis darauf, dass er mit ihnen sein Geheimnis teilt. Er ist verletzt, doch nicht er, sondern sie brechen den Kontakt ab. Seine Verletzlichkeit kennzeichnet das, was ich *Restwürde* nenne.

Wir bewegen uns hier im *Niemandsland*. Schon Männer sind bei Onetti stets fett und dumm oder klapprig und feige. Aber Frauen erspart er nichts. Und wenn eine mal nicht allzu hässlich ist, müssen wir Leser ganz besonders auf der Hut sein vor den *Magdas*. Bei Labuk aber zieht Onetti alle Register seines Widerwillens, ich erspare Ihnen die unappetitlichen Einzelheiten. Llarvi ist ein Schriftsteller mit Schreibhemmung im letalen Stadium. Vor einiger Zeit hatte er ein flüchtiges Verhältnis mit Labuk, weder schön noch klug und vor allem stumm wie ein Fisch. Beiläufig erwähnt jemand aus dem Bekanntenkreis, er habe irgendwo weit weg in einem Puff eine Hure gesehen, die ihn an Labuk erinnert habe. Erinnert sich jemand unter uns noch an sie? Llarvi, der zu einem Psychotherapeuten geht, um seiner Kreativität auf die Sprünge

zu helfen – Obacht, wir schreiben das Jahr 1941 und befinden uns in Argentinien –, redet fortan bloß noch über
Labuk (und bricht dann, entnervt, die Analyse ab, da ihre
Doktrin ihm allzu simpel und wenig zielführend erscheint
– wobei er natürlich nichtmal weiß, was sein Ziel ist). Bei
einer jungen Frau aus dem Bekanntenkreis, die gerade
von ihrem Freund übel sitzen gelassen wurde, will er sich
und sie trösten, was nicht gelingen will. Er liebt Labuk.
Das rettet ihm nicht das Leben, aber die Würde. Mehr ist
bei Onetti nicht drin. Immerhin. Es gibt einen Rest Würde
in der falschen Ehre.

15

WÜRDE VON KONJUNKTIV BIS BÜRDE. — Noch ein
Beispiel aus einem eigenen Roman (auch dies würde in die
Fake Phonetic Lecture passen, 🐚 oben…). In *Du sollst
nicht töten* fällt die Figur Nikola Neraf, Folterspezialistin
eines fiktiven fundamentalistischen Splitterstaats, der sich
in Berlin etabliert hat, aus der Rolle und wirft mir vor:
›In diesem Kapitel‹, wirft Nikola mir vor, ›fällst du
immer wieder aus deiner Rolle. Ich vermute, du hältst es
nicht aus, eine Figur zusammenzubrauen, die von ihrer
Mission derart durchdrungen ist, dasz sie sie legitimiert,
Gewalt gegen alle auszuüben, die ihr den Weg versperren.
Die ständige Unterstellung sexueller Motive bis hin zum
Gebrauch schmutzigdreckigungesunder Worte, die ich
überhaupt nicht kenne, schlägt mir ziemreich auf den
Magen und ich kann bloß die Diagnose als Psychiaterin
stellen, dasz es sich dabei um eine Projektion deiner ur-
eigenen ungesunddreckigschmutziger Probleme handelt.
Spaß aber beiseite. Indem du so besessen von dem Gedan-
ken der Toleranz bist, machst du dich unfähig, Toleranz
gegenüber meiner Figur walten zu lassen. Du meinst, mir

Widersprüche sowie unlautere Absichten anhängen zu müssen, während ich ganz und gar im Reinen mit mir bin, nicht weniger mit der Hirtenlogik der Psyche und des Herzens, du dagegen befindest dich im Paradox. Wenn du das nicht einsiehst, muss ich dich leider zur Behandlung überweisen. Denn eine derunartige fehlende Krankheitseinsicht ist ein weiteres Indiz dafür, dasz deine Fähigkeit zur regelkonformen menschreichen Kommunikation als schwer defizitär einzuschätzen ist, Stufe »grün«. Dies gilt laut gesicherter empirischer Kenntnisse als ziemlich zwangsläufige Folge bei Personen, die über eine längere Zeit ihre Diät vernachlässigen und Gedanken nachhängen, denen die gesamtgesellschaftschwangere Akzeptanz fehlt. Für wen keine gesunde Vollwertkostspiritualität Bestand hat, tut ihr latente Gewalt an, selbst wenn er sich hinter der Maske friedfertiger Toleranz verschanzt. Wer in seiner Psyche der spirituellen Gesundheit eine Heimstatt anbietet, dessen strukturelle Gewalt dagegen terapiert den Menschen, anstatt ihm Leid anzutun. Es ist in jedem Phall krankhaft, für ein absurdes (jedoch nicht unwesentreiches) Detail im Glauben den sinnfreien Tod zu erdulden, wie metaforisch oder uneigentlich auch immer wir »Tod« hier definieren wollen. Aber ich weiß nicht, ob ich groß Lust habe, die indizierte Behandlung jenseits des gesundheitsschädlichen Individualismus selbst durchzuführen; eher gehe ich davon aus, dasz mir dein Fall viel zu langweilig ist (ganz im Gegensatz zu demjenigen des Marko Strapses; obwohl, zugegeben, da hatte ich zwischendurch auch Zweifel, mein Assistent kann es bezeugen) und ich dich vielleicht lieber dem Berg überlasse; der mag sich an dir die Sporen verdienen und danach mich reiten, wenn es denn mal dazu kommen sollte, weil die Pastorin ein ausgetrockneter Salzsee ist, das muss ich ausbaden. Es soll hier aber nicht um mich gehen, sondern um dich. Herabsetzende Kommentare zu Gedanken deiner Protagonistin wie »wer's glaubt wird selig« könntest du dir, mir und nicht zuletzt den Lesern (vor allem aber den Leserinnen) ersparen. Ich gebe dir einen Rat mit auf den Weg, professionell, jedoch ganz ohne Eigeninteresse oder den heilsamen Nachdruck einer psychiatrisch-spirituellen Untersuchung: Demütige du dich vorm gesunden Hirten, noch bevor du krank wirst. Kehre um, Stefan, und demütige du dich selber unter deiner Hand. Aber jage deinen Feinden nach und vertilgte sie, und kehre nicht eher um, bis du sie umgebracht hast. Bedenke, was ich dir getan habe, denn Unrecht wählst du lieber als Elend! So, nun lasse mich in Ruhe meine Arbeit tun und höre auf, mich anzupinkeln.‹

Wie du mir die ›Leviten‹ gelesen hast, Nikola, trifft mich, muss ich zugeben, im Selbstverständnis, das, allen äußerlichen Wechselfällen trotzend, mich von Jugend an begleitet hat und mir ein treuer, wenn auch sperriger Weggefährte war. Doch die Sache mit dem Anpinkeln, hahaha, die fällt auf dich zurück oder vielmehr auf deinesgleichen. Das wird meine Rache. Warte bloß und lege die Schlangenhaut der Arroganz ab. Von woher strömt die Energie für solch eine dreiste Entgegnung in meinen Leib?

16

ZU MEINER VERTEIDIGUNG. — Jeder Dichter muss irgendwann seine Verteidigung der Dichtkunst schreiben. Ich verteidige sie gegen ihren Untergang im Zwang zur politischen und auch sonstigen Korrektheit: Diese unterwirft die Worte der Bürokratie: Moralisten, Antis (Antirauchern, Antisexisten, Antifaschisten), die ihr verbieten, zu provozieren, anders zu sein, jemanden zu beleidigen und zu verletzen. Dies hat Dichtung wieder und wieder durchgemacht. Es ist nicht die erste Krise. Puritanismus ist eine wirksame Macht, um Dichtung und um Leben um Sinn und um Verstand zu bringen, Dichtung und Leben impotent zu machen.

17

Political korrecktness wie Förderung nach Wokkkeness, insbesondere in Form von *sensitivity reading*, bedroht die (relative) Autönomie des literarischen Feldes gegenüber den gesellschaftlichen Machtstruktüren der herrschenden Meinung (Meinung der Herrschenden). [Erinnerung von weit her: Jerry Rubin schlug in den 1960er Jahren vör, statt America *Amerikkka* zu schreiben, um die Identität mit dem Kü Klüx Klän zu versinnbildlichen. Die Schreibweise *Motörhead* geht laut Lemmy Kilmister darauf zürück, dass er das deutsche »ö« für *brutal* gehalten habe. Und ich häbe gedächt, er schrieb sich Kill Mister. Dies wäre KKKültör.]

18

ONETTI-REGEL. — Nur schreiben, was man schreiben will. Nicht: Hier eine Beschreibung einfügen, dort eine Erklärung, hier ein Bild ergänzen, dort eine Metapher benutzen, ein Paradox bemühen. Diesen Kniff kann man bei und von Onetti lernen. Er ist der Lehrer, der lehrt, die Lehren des *creative writings* zu verlernen und anzufangen, kreativ zu schreiben.

Cecilie Wajsbrod bemerkt: Bei Virginia Woolf erführe man alles, was die Protagonistin denkt, nicht ihre Augenfarbe. Mir ist nicht klar, ob sie das Verfahren begrüßt oder in ihrer Predigt *Für die Literatur* als nicht-literarischen Narzissmus des Autors verwirft.

[Nun, im Schluss muss ich noch mal alles auffahren,

was ich im Arsenal habe und angeben, was ich alles gelesen haben, schließlich habe ich nach den Kriterien des herrschenden Populismus nichts anderes zu bieten. Onetti hat sich angeblich um Popularität nicht gekümmert, aber als MVLl 1964, ein Grünschnabel damals, den Preis für das *Grüne Haus* abstaubte statt Onetti mit *Leichensammler*, da wurde er zynisch: bestes-schlechtestes Anzeichen für blanken Neid. Dass man zwischen *Leichensammler* und dem *Grünen Haus* wählen müsste: das wäre für mich die Hölle. Onetti meinte, MVLl habe gewonnen, weil dessen Bordell immerhin eine Kapelle besessen hätte. Wenn man mich zwingen würde: *Leichensammler*.]

19

BILDERVERBOT. — Bildliche Ausdruckunweisen stehen hoch im KKKurs beim Kreativen Schreiben. Nicht sagen, vielmehr zeigen. Das Gegenteil ist der Fall. Ein Bild zu malen, könne ein Maler besser als ein Dichter, sagt Ezra Pound. Was der Wortmetz kann, ist, Bilder zu malen, die nicht gemalt werden können. Das muss nicht kompliziert sein. Bei Juan Carlos Onetti sprechen die Personen in jeder passenden und unpassenden Szene wütend und lügen in einem fort, selbst wo sie die Wahrheit sprechen. Das lässt sich nicht verfilmen.

20

SONDERFALL(e) Thomas Mann. — Mein Elter 1 las uns, seiner Familie, zu Weihnachten stundenlang vor (meine Elter 2 stichelte nach vier Stunden, er würde ja gehörig »leiern« und »monoton« werden), zuerst Kinder-, dann Jugendbücher, schließlich Literatur. Das letzte Mal dieses Rituals, wohl Ende der 1970er Jahre, als ich schon erwachsen war, las er den gesamten *Zauberberg*, mit oder vor

Günter Grass' *Blechtrommel* sein absolutes Lieblingsbuch (Hilde Domin lässt derer viele zu). Das Buch hat mich beeindruckt und sicherlich auch beeinflusst. Aber nicht dazu animiert, auch nur irgend ein weiteres Buch von Thomas Mann zu lesen.

21

Umgekehrt habe ich meinen Söhnen, wohl Anfang der 1990er Jahre, den *Herrn der Ringe* vorgelesen, drei Mal insgesamt. Zuvor hatte ich mich, gerade weil er – wie Hermann Hesses *Steppenwolf* – »in« war, geweigert, ihn zu lesen. Mein Vorurteil gegen J. R. R. Tolkien hat sich in Wohlgefallen aufgelöst; einige Szenen des Buchs haben sich sogar in meiner Theoriebildung niedergeschlagen: Galadriel erlebt den Zwiespalt, das Gute befördern zu wollen, dafür aber müsste Macht eingesetzt werden, was bedeutet, das Böse heraufzubeschwören; auf Macht zu verzichten, bedeutet dagegen, zur Untätigkeit verurteilt zu sein. (Hat Tolkien natürlich von *Jesus* abgekupfert.)

22

Goethe – wie war noch gleich sein Rufname? – steht auf meiner Negativliste. Aber warum? Weil mein Schwarm, Arno Schmidt, ihn nicht mochte? Die Abneigung ist älter. In der Schule musste ich Balladen von ihm (und von, genauso widerwärtig, Schiller) auswendig lernen. Wenn die 13. Strophe dran war, konnte ich bestenfalls die 1., und auch das nur stockend und holprig.

Dennoch wird auch er einen Einfluss auf mich ausgeübt haben, nicht nur implizit durch gescheitertes Auswendiglernen. Meine Eltern hatten wenige Schallplatten für ihren legendären »Schneewittchensarg« von Braun aus den 1950er Jahren, Produkteinführung im Jahr meiner

Geburt. Mein Vater war schwerhörig und hasste Musik. Aber wir hatten die *Apologie des Sokrates* auf Altgriechisch, 1958 gesprochen von Wolfgang Schadewaldt, Brechts *Dreigroschenoper* mit Lotte Lenya, ebenfalls von ca. 1958, Kafkas *Bericht an eine Akademie*, 1963 gelesen von Klaus Kammer, die *Konferenz der Tiere* von Erich Kästner, Schallplattenfassung von James Krüss, 1969, sowie *Faust* mit Gustaf Gründgens als Mephisto (1954?). [Bezüglich GG konfrontierte man mich früh mit der Ambivalenz: *einerseits* war er NS-vorbelastet, *andererseits* großer Künstler.] Meine Fresse, was habe ich diese LPs rauf und runter gehört!

Nur zur Vervollständigung und um damit zu prahlen, Homers *Ilias* und *Odyssee* kannte ich nacherzählt von Walter Jens, erschienen 1958. Soweit ich mich erinnere, muss das noch vor der Einschulung oder kurz danach gewesen sein, noch in Hamburg, also bis 1962.

23

MIT VERZIEHUNGSAUFTRAG. — Ein Schlechtteil der Probleme in der Schule hängen mit meiner Dyskalkulie (von welcher des Sängers Höflichkeit an dieser Stelle schweigen soll) und Legasthenie zusammen. Beides damals nicht diagnostiziert, weil unbekannt. Meine Lehrerin schob mein Unvermögen auf ein Gemisch aus Faulheit, Mutwillen und Dummheit. Heute würde es (un-) natürlich diagnostiziert und therapiert werden. Dass das besser ist, halte ich für wenig wahrscheinlich. Kann man Kinder nicht einfach mal in Frieden lassen?

24

Wer Sprache reglementiert, ist ihrer nicht Wert. Der macht sprachlos und wird sprachlos. Das sei seine Hölle und seine ewige Qual.

Text ist kein Bild.
   Häftling 86,
   in: Seiko Ito, Romanverbot

Was kann Literatur?

I

__Warum wirken Dystopien nicht?__ - Am
dystopischen Romanen fehlt es nicht.
Aldous Huxleys __Brave New World__ und
George Orwells __1984__ waren nicht die
ersten und seitdem sind sie Legende.
Dystopien wirken nicht aus dem Grund,
den MVL1 in seiner Romantheorie
formuliert hat: Sie wirken "unrealistisch"
und damit ungefährlich. Der Leser
lehnt sich erleichtert zurück und sagt:
"So schlimm ist es ja gar nicht."
    Natürlich will die Dystopie auch
gar nicht in diesem Sinn realistisch
sein, denn sie will ja __warnen__: Es
__könnte__ so schlimm kommen. Wenn die
Dystopie die Realität realistisch abbilden
würde, wäre sie aber keine Dystopie.
    Der dahinter liegende Grund ist, dass
die Dystopie in ihrem Wunsch, die Menschen
vor möglicher Gefahr zu warnen, keine
Literatur ist, sondern eine politische
Kampfschrift: und __das__ kann Literatur
nicht.

Nachträge

Fluchtfleisch #21: Heute sagt man *plagiiert*, früher *kupferte* man *ab*. Früher
eine Kunst, heute ein Sakrileg. #22: Durch was auch immer ausgelöste
Erinnerung an noch eine Schallplatte im Haushalt meiner Eltern, die ich
oft gehört habe: *Kinski spricht Villon* I (1959); an *Ich bin so wild nach deinem
Erdbeermund* und daran, dass die B-Seite vom *Großen Testament* ausgefüllt
war, habe ich mich googlelos erinnert. Auslöser war, glaube ich, dass jemand von seinem Testament sprach, das er verfassen wolle.

Warum wirkt Utopie? - Dagegen wirken
Utopien um so schlimmer. Sie können so
unrealistisch sein, wie sie wollen.
Denn die Leser sehen, wie schön das Leben
sein könnte (wenn nur die Monster in der
Nachbarschaft auch zu zahmen Tierchen
werden würden) und lassen alle Vorsicht
fahren. Sie werden zu Lesern des trivialen
Heimatromans, kein Schmalz ist ihnen zu
dick aufgetragen. Das kann Literatur
zwar auch nicht, aber wen schert das?

Allerdings wirkt die triviale Utopie
nur, wenn sie mit der herrschenden
Meinung (Meinung der Herrschenden) übereinstimmt. Ansonsten ist sie unrealistisch
und eigentlich eine Dystopie. Das gilt
für alle Pfade in Utopia, die auf der
Suche nach Freiheit sind. Freiheit hat
keinen guten Ruf unter denen, die von
ihrer Abwesenheit profitieren.

Ich selber habe zu dieser Art Literatur
beigetragen, zwei Dystopien, eine Utopie.
Die Utopie, als ich jung und leicht-
fertig war. Die Dystopien, als ich mich
für abgeklärt hielt, aber doch gehalten,
ich sollkönnte die Mitmenschen warnen.
Ob ich sie warnen sollte, geschenkt,
können konnte ich nicht.

Wir sehen: Was realistisch und was unrealistisch ist, bestimmt sich nicht
nach der Realität, sondern nach der
Nähe zum Bestehenden – zum Bestehenden
in der Fiktion derjenigen, die es auf-
rechterhalten wollen.

Dazu mag tauglich sein, etwas Gegen-
teiliges oder ganz und gar mit dem
Bestehenden Unverbundenes als Realität
auszugeben. Jemand, der das Bestehende
kritisiert, ist unrealistisch bis hin
zur Lächerlichkeit. Jemand, der die
Realität verteidigt, ist gefährlich,
weil er sie gegen das Bestehende verteidigt. Das könnte Literatur.

aber dennoch hat sich bolle
janz köstlich amüsiert
auch diese balmalade musste ich auswendig lernen weder an titel noch an
dichter habe ich irgendeine erinnerung (*google*, allwissend, noch nicht
allmächtig und schon gar nicht allgültig, hat mir nachgeholfen)* und auch
von ihr konnte ich bloß die erste strophe die aber bis heute wenn auch
etwas verkürzt und verstümmelt *der amtmann von tondern schlägt mit der faust*
auf den eichentisch heut fahr ich selbst hinüber nach sylt und hol mir zins und gült
und ich spott ihrem wort lewwer duad üs slaav dass brave steuerrebellen nieder-
gemetzelt wurden verstand ich erst anno 1980 besondere pein bereitete
mir das memorieren des friesischen slogans und wo *süld* liegt leuchtete
schon gar nicht ein | *bolle reiste jüngst zu pfingsten* »kann ich ...« bis heute –
moritaten musikalisch vorgetragen von wolfgang gruner mit leierkasten
ep telefunken just remembered lag bei den eltern auch im schneewittchensarg – *der zug von hamburg: selbstmord auf schienen* war mir gar zu gruselig
sabinchen war ein frauenzimmer und *lenchen ging im wald spazieren* verstand ich
nicht | * Pidder Lüng, Detlev Freiherr von Liliencron (nie gehört von ...)

Die Romantheorie MVLls – er verkörpere
die Wahrheit der Lüge – kehrt der
Japaner Seiko Tto um, räumlich tatsächlich auf der Gegenseite des Globus.
In der Dystopie "Das Romanverbot ist
nur zu begrüßen" (2021) wirft der *(2018)*
Protagonist (Häftling 86), der nur
schreiben darf, weil er das neu erlassene
Romanverbot rechtfertigt, dem Roman vor,
unrealistisch zu sein. Er behauptet,
das Unrealistische des Romans rühre
daher, dass die Figuren nur aus Worten
bestehen (Derrida sei gedankt) und außerdem den Roman mitlesen; Sie wissen immer
alles, was der Autor weiß. Die Maßgabe,
Autor des eigenen Lebens zu sein, ist
gefährlich, schreibt Häftling 86. Doch
erweist sich seine Kritik als so gelehrt,
dass die ominösen Herrschenden ihn unter
Drogen setzen und schließlich liquidieren.
Der Protagonist ist nicht Autor seines
Lebens.
    Das kann Lietratur.

STRENGSTENS UNTERSAGT, **Sprüche aufzusprühen**
Der wertvolle weiße Raum unter den Monsterprodukten war eigentlich
nicht für allerlei mehr oder weniger nichtssagende Nachträge zum
Fruchtfleisch gedacht, sondern reserviert für freies Denken oder, allen-
falls, suizide weiterreichende Bemerkungen, die über das hinausweisen,
was bereits wiedergekäut wurde.

Seiko Ito ist eine Neuentdeckung für
mich, weil es noch Buchläden gibt, in
denen man etwas entdecken kann. Ich be-
trete den Laden und mit einer rasch-ver-
schämten Bewegung zieht die Verkäuferin
den Mund-Nasen-Schutz (SM-Version) vom
Kinn vor Mund und Nase. Wir sind die
Einzigen im Laden. Mir liegt auf der
Zunge, ihr zu sagen, für mich bräuchte
sie das nicht zu tun. Aber, selbst von
Mund-Nasen-Schutz behindert, dringt nichts
über meine Lippen. Außerdem, ich bin
schließlich introvertiert.

Eine Szene wie aus einer Dystopie,
aber leider nicht aus keinem, sondern
einem klar definierten Ort. Einer aus
vernünftigen freien Menschen gebildeten
Gesellschaft unwürdig, aber nicht unrealistisch. Wenn die Aerosoltheorie
der Ansteckung richtig ist, wäre die
Luft bereits mit ihrem Atem verseucht,
da sie sich bereits Stunden im Laden auf-
hält. Sie würde mich nicht schützen.
Wenn ein verheriger Kunde die Luft verseuch
seucht haben sollte, würde sie sich jetzt
auch nicht mehr schützen, weil sie zuvor ohne Schutz dastand. (Mich würde
sie, wenn ein Anderer seine Verseuchung
hinterlassen hat, sowieso nicht schützen.)

Ihr Tun war eine Geste der Legalität,
nicht der Legitimität. Da sie es so offen-
sichtlich so tat, dass ich es sehen konnte,
bedeutete es: Du weißt, ich weiß, es ist
ein Schauspiel, unwürdig, uns aufgezwungen
von der Staatsgewalt. Von Staatsgewalt
zu sprechen, ist keine Dystopie mehr.

War es nie.

Der "Betreuer" von Häftling 86 betritt
dessen Zelle in Schutzkleidung. Weißer
Schutzkleidung. Um ihn vor konter-
minierenden Gedanken eines seit Jahren
gefangenen, alten Mannes zu schützen.
So gefährlich ist Literatur.

Gegen Dys- wie Utopie. - Das Schöne
am Whisky ist: Harmonie mit sich, ohne
quälendes Gestern, ohne beunruhigendes
Morgen.

geschrieben auf dem "Monster"
14. 6. 21

»Apropos Casal, ich weiß nicht, ob Sie wissen, daß er verrückt ist. Nein? Nun, das wundert mich nicht, denn das weiß nur ich. Er ist verrückt. Er trinkt keinen Alkohol mehr. Er hält sich jetzt an Tee nach russischer Art, widerlich.« — Violeta, in Onettis *Niemandsland*.

1

Lyrik ist, wie das Böse überhaupt, infektiös. Platon sagt, dass bereits der geringste Kontakt mit Dichterworten sogar die charakterfeistesten Personen, die er zur Führung der Staatsgewalt berufen sieht, im Nu zu den schlimmsten Memmen macht.

2

Religiöse Fanatiker aller Zeiten und aller Religionen lieben die Staatsgewalt, weil sie ihnen ermöglicht, die Gläubigen vor Kontakt in Schrift und Bild mit dem zu bewahren, was selbst den fixiertesten Gläubigen unverzüglich in einen begeisterten Sünder verwandelt. Im Revers liebt die Staatsgewalt religiöse Fanatiker, seien es nun transzendente oder immanente Gläubige.

SPOKEN BRIDGE — LIEDERATUR *LEBT!*

Bei all dem, was ich über Lyrik gelesen habe, ist mir nie untergekommen, dass man realisiert: Lyrik als gesungene und musikalisch begleitete Wortkunst ist ganz präsent und populär im Metal- und Punk-Rock, Genres, die gut vier Jahrzehnte nach ihrem Entstehen heute lebendiger sind denn je. Just listen to Patti Smith, Siouxsie Sioux, Paulina Villarreal und Asami (アサミ) und du hörst, dass Sappho (Σαπφώ) unter uns weilt. Nur der, der dafür den Nobelpreis absahnte, gehört nicht zu meinen Favoriten.

3

Die Gesellschaft, die ein Meer bildet aus gutem Willen und aus liebender Fürsorge für Freund und Feind, wird tödlich bedroht, wenn eine Gruppe Unverbesserlicher sich in ihrer eigenen Filterblase an Hass-Postings berauscht.

4

Die guten Bilder und Worte sind machtlos. Die bösen sind allmächtig. Lasst uns also die Staatsmacht entfesseln, um die bösen Worte und Bilder zu vertilgen.

5

Ganz besonders gefährlich sind die unverständlichen Gedichte und abstrakten Bilder. Aber nennen wir sie nicht *entartet*, das würden die Leute in den falschen Hals bekommen, verkommen wie sie sind.

6

Die sexte These muss von Sex handeln. Natürlich sind wir *sex positive*. Darum müssen wir alles *neu *tralisieren*, was mit Sex auch blöß das Geringste zu tun hat. Woke-an!

7

WIR entscheiden: was du denken, was du sagen, was du schreiben, was du publizieren darfst. Nur so sichern wir die Qualität von Literatur. Falls du das Zensur nennst, gehörst du ins Kröpfchen. Immer *correct* bey den Fakten bleiben.

Jeder Text, der irgendjemanden oder irgendetwas zu bewegen verspricht, beleidigt irgendjemanden. Es bedarf
stets genügend Gegenleser, um das zu *canceln*.

Wer individuelle Erfahrungen versprachlicht, verrät seine
heilige Gruppenidentität. Lasst uns die Konformität mit
der eigenen Gruppennorm *individuelle Erfahrung* nennen
und bejubeln, dann können keine F*ktenf*kes mehr stattfinden. {Zur VERAmbivalenz S. 29ff.}

Welche Identität wertvoll ist, und welche es zu verwerfen
gilt, bestimmt der *flashmob*. Die Abweichung ist die Norm.
Aber nur die normierte Abweichung. Sonstige Verstöße
sind abnorm und gehören *geflasht*. Auch Massen sind bloß
hygienisch sauber, wenn sie die herrschende Meinung,
Meinung der Herrschenden, reflektieren. Sonst muss der
Reflex sie als infektiös unter Quarantäne stellen.

Auch das Pölitische ist privat. Wenn vielleicht auch nichts
anderes: das kann Literatur.

✤

LITERATUR ▷ LIEDERATUR ▷ LIEDERLICHKEIT.
— Wegen Tumülts im Saal-Wok abgebrochene III. Fake
Poetik Vorlesung. Das war's wohl. Chance vergeigt. Re-
sozialisierung gescheitert. [Nachtrag zur #Bridge: Natürlich, so Joan Baez oder Jerry Garcia Ihn interpretieren,
scheint Seine Genitalität durch.] Platon grüßt, hämisch.

»You'd ›kinda like to be a writer‹? […] Well, it's not the ›kinda‹ job, you'd ›kinda like‹ to have. You are forced. Compelled. You got no choice, man.«

Pedro zu Martin in *Tune in Tomorrow*, der Verfilmung von Mario Vargas Llosas *La tía Julia y el escribidor*, Skript: William Boyd (der Satz findet sich nicht im Buch).

Die folgende Rezension zu einem fiktiven Buch habe ich Anfang 2021 für einen Wettbewerb geschrieben, in dem es um Stories zum Lobe privatrechtlicher Städte gehen sollte. (Thesenliteratur!?)

Der vorgestellte Roman bezieht sich auf Karola Tembrins, *Anne R. Chérie* (1989; revidierte und erweiterte Ausgabe 2017), ein Buch, das es gibt, aber das ich selber geschrieben habe. Wie es dazu kam, dass ich mich im Laufe des Schreibens der Rezension an den von mir bislang verschmähten Roman *Wenn es nicht mehr wichtig ist* von Juan Carlos Onetti erinnert habe, vermag ich nicht mehr zu rekonstruieren; aber es löste das neuerliche und endgültige Onetti-Fieber bei mir aus.

Für den Wettbewerb reichte es, natürlich, nichtmal zu einer ehrenvollen Erwähnung. Vermutlich hatte die Jury sich etwas anderes unter einer »Story« vorgestellt. Trotzdem war die Teilnahme lohnend – wegen der Wiederentdeckung Onettis und wegen der aus ihr folgenden Anregung, *Canetti Marinetti Onetti* zu schreiben.

Beim Wiederlesen fällt mir auf, dass ich den skizzierten Roman nicht schreiben wollte oder könnte, vielleicht aber wollen würde, jedenfalls früher. Jetzt nicht mehr. Obwohl es mich möglicherweise zu* deutschen Ayn Rand macht. Thesenliteratur und Spannung lässt sich, ungeachtet aller ihrer Gegensätzlichkeit, unglücklich vermählen. Doch das Ergebnis ist sooo öd.

Die Rezension lebt davon, dass sie sich selbst als ein Beispiel für die Romantheorie von Mario Vargas Llosa ausweist: Sie will, dass der Leser an die Lüge glaubt, es gäbe den besprochenen Roman. Wenn ihr das gelingt, ist sie gelungen.

Karola Tembrins, *Wenn es wieder wichtig wird: Alex Rednalow in Santo Tómas* (sein achter Fall), Berlin 2021: Bibliothek JCO, 250 Seiten, Hardcover, 25 €.

Die Fälle von Kriminalkommissar Alexander Rednalow, genannt Alex, lässt die für ihren journalistisch-faktischen, ja trocken-humorigen Stil ausgezeichnete, welterfahrene Autorin gern im internationalen Milieu spielen. Diesmal ist die Tomasische Republik auf der Insel Hispaniola, besser bekannt als Haiti, an der Reihe; wobei Haiti eigentlich nicht der Name der Insel, sondern des um die Hälfte kleineren westlichen Nachbarlandes ist. In der Tomasischen Republik weiß Karola Tembrins bescheid. Bevor sie mit ihren Kriminalfällen um Alex Rednalow ab 2012 ins Rampenlicht der Öffentlichkeit trat, schrieb sie eine Biografie über die legendäre Anführerin der Tomasischen Revolution vom 11. Mai 1961 und erste Präsidentin der neuen Republik, Anne R. Chérie, und hielt sich für diesen Zweck Mitte der 1980er Jahre lange in jenem Land auf, obwohl sie, wie ich hörte, ein grausames Spanisch spricht und schreibt. Dem Vernehmen nach beteiligte sie sich später aktiv an etlichen Befreiungs- und Guerilla-Bewegungen in diversen Teilen der Erde. Der biedere Kommissar ist weniger ihr Alter Ego als ihr Antagonist.

Aber nicht nur der Schauplatz des neuen »Falles« sieht für den deutschen Leser exotisch aus. Einen packenden Kriminalroman ohne Aufklärung und auch ohne richtigen Fall vorzulegen, dies muss einer der Autorin erst einmal nachmachen. Genauer gesagt gibt es einen Fall, der Leser erfährt aber nichts, oder zumindest kaum etwas über ihn (und das aus wohlkalkuliertem Grund). Der Vorteil für den Rezensenten daran ist, dass er nicht darauf achten muss, keinen Spoiler einzubauen.

Der Reiz des Romans liegt in der Vielzahl liebevoll gezeichneter Nebenfiguren, die den Alltag der Tomasischen Republik lebendig werden lassen. Die guten wie die bösen, die reichen wie die armen, die klugen wie die dummen, sie alle stattet die Autorin mit Würde aus. Es ist, als wolle sie sich gegen den Trend nicht nur, aber besonders auch in der Kriminalliteratur stemmen, demzufolge eine Geschichte dann gut ist, wenn sie von abgrundtief verachtens- oder zumindest bedauernswerten Figuren bevölkert wird. »Jemanden, der seine Figuren schlecht behandelt«, sagte Karola Tembrins vor kurzem in einem Interview, »kann ich meinerseits nur bedauern oder verachten, seien es auch Promis wie Jean-Paul Sartre oder Michel Houellebecq, Topdog und Underdog ein und derselben kriminellen Vereinigung, sozusagen. Interessant, dass etwa Onetti die Postmodernen zu den ›Rechten‹ zählte. Das war 1993, kurz vor seinem Tod; und er hat das damals sicherlich nicht als Auszeichnung verstanden. Für heute lege ich meine Hand nicht ins Feuer.« (Zu dem Einfluss Juan Carlos Onettis auf den vorliegenden Roman komme ich weiter unten noch zu sprechen.)

Alexander Rednalow erhält die Anweisung von seiner Dienststelle, einen per Interpol gesuchten Deutschen in der Tomasischen Republik aufzuspüren. Mehr als dass diese »irgendwo in der Karibik liegt und immer wieder die internationale Politik aufmischt, wie weiland Idi Amin und Muhammar al-Gaddafi«, weiß Alex von seinem zukünftigen Operationsgebiet nicht. Doch nach nur oberflächlicher Recherche schwant ihm, »nun nicht gerade das große Los gezogen zu haben«, als sich herausstellt, dass er die Ermittlungen ausgerechnet dort weiterführen muss. Den Neid der Kollegen »um seinen Urlaub am karibischen Meer« hält er »für durchaus verfehlt«, sogar wenn er in Rechnung stellt, dass seine Kollegen »wahlweise der Klimakrise oder der Pandemie halber« in der nächsten Zeit Fernurlaub »knicken« können.

Der Start verläuft wider Erwarten eigentlich recht gut. Bei seiner Ankunft im Chérie International Airport, Santo Tómas, findet er eine »trotz der drückenden Hitze« angenehme Atmosphäre vor, es gibt keine nervigen Überprüfungen, keine Passkontrolle, freundliche Menschen weisen ihm den Weg zum Hotel, er sieht keine Anzeichen von Armut und gerät nicht in brenzlige Situationen. Eigentlich. Denn dass das diffus, aber negativ bewertete Erwartete nicht eintritt, ist, »was Alex Kopfschmerzen bereitet«. Zwar begegnen ihm alle überaus zuvorkommend, aber »er kriegt ums Verrecken nicht heraus«, wie und wo er beginnen kann, seine Aufgabe zu erledigen. Schließlich wendet er sich an das deutsche Konsulat; »wie ein kleiner hilfloser Bittsteller« kommt der in seiner kriminalistischen Professionalität gedemütigte Kommissar sich vor. Es soll nicht die letzte Demütigung bleiben, der er während der Tätigkeit in der Hauptstadt der Tomasischen Republik Santo Tómas ausgesetzt sein wird.

Nachdem Konsul Díaz Vargas ihm einen Einblick in die Verhältnisse des Gastlandes gegeben hat, wo er seine Ermittlungen führen soll, entsetzt Alex der Gedanke, »alles« sei hier privat; und darum spekuliert er (entgegen seinen bereits gemachten eigenen Erfahrungen), »dies würde ja Mord und Totschlag auf den Straßen und Konzerne bedeuten, die den gläsernen Menschen beherrschen«. Zur Entgegnung lässt die Autorin den Konsul seinen »sündhaft teuren Federhalter zuschrauben« und Alex lächelnd auffordern, sich »selber ein Bild zu machen«. Nebenbei bemerkt: Warum der deutsche Konsul spanischsprechend ist, jedenfalls dem Namen nach (über seine Biografie erfahren wir leider nichts), bleibt Geheimnis der Autorin.

Zwischen Empörung und Verzweiflung schwankend und sowohl die Dienstpflichten als auch guten Manieren vergessend, verflucht Alex den Konsul, um dann unterwürfig zu fragen, was er denn nun tun solle oder an wen er sich wenden könne »in dieser mir fremden Welt, in der nichts so ist, wie ich es kenne«.

Der Titel *Wenn es wieder wichtig wird* spielt offenbar an auf den letzten Roman des uruguayischen Autors Juan Carlos Onettis »Wenn es nicht mehr wichtig ist« (*Cuando ya no importe*, 1993). Ich bin mir darum so sicher, dass dies zutrifft, weil Karola Tembrins in dem eben erwähnten Interview mit dem »Spiegel« vom 11. 1. 2021 auf eine Bemerkung Onettis in den ersten Zeilen eben dieses Romans hinweist. In sein Tagebuch, aus dem Onettis Roman besteht, schreibt der Ich-Erzähler im Laufe des ersten Eintrags: »Klatsch, Diskussionen über Sartre, den Strukturalismus und die Farce, die die Rechten weltweit anerkannt sehen wollen, für die sie ihre Anhänger gut zu bezahlen wissen und die sie ›Postmoderne‹ taufen.« In diesem Roman aus fragmentarischen Geschichten mit wenig Struktur beschreibt Onetti Lebensweisen ohne Sinn und Inhalt, in welchen Identitäten, ja Erinnerungen wenig Bedeutung haben; Dinge und Ereignisse, gar Menschen werden – (in Onettis Original; übersetzt liest es sich anders, denn leider wurde nicht versucht, stilistische Macken nachzubilden) – durch Weglassen sowohl bestimmter wie unbestimmter Artikel jeweils zu Verallgemeinerungen; ihnen eignet nun nichts Besonderes mehr, denn nichts mehr ist anscheinend wichtig; als einziger Hoffnungsschimmer bleibt, dass der Protagonist Juan Carr in der Ich-Form erzählt: Es gibt anscheinend noch so etwas wie den Kern eines Subjekts. Auch die Anspielung auf Onettis Roman ist also eine auf einen Antagonismus, denn die Welt, in die Alex eintaucht, ist ihm zwar fremd und zunächst fühlt er sich verloren und orientierungslos (genau wie der Aufsichtsratsvorsitzende Mulligan in Hans Fricks *Mulligans Rückkehr* nach seinem für ihn selber unbemerkten Tod im Vorhof zur Hölle), wird aber zunehmend wichtiger, richtiger, lebendiger, sinnstiftender. An diesem Wandel hat natürlich auch die Señora Biche Caballero ihren Anteil.

Für Alex angebahnt hatte den Kontakt zu Biche der Konsul. Als er den Termin wahrnimmt, trifft er in Señora Caballero auf eine zwar zierliche, aber, wie sich herausstellt, zupackende Chefin einer, natürlich privaten, großen Detektei von Santo Tómas; »natürlich«: denn wie der Konsul dem verdatterten Alex bereits erklärt hatte, gibt es hier weder eine öffentliche Polizei noch eine Staatsanwaltschaft. Ihre Galanterie lässt unseren bedauernswerten Ermittler wie alles andere, was ihm in Santo Tómas Gutes widerfährt, nicht etwa aufjubeln, sondern stürzt ihn einmal mehr in bittere Verzweiflung. Die »blauschwarze« Detektivin nämlich stellt ihm »mit gebleckten Zähnen« zwei Fragen, mit denen er weder gerechnet hat noch etwas anfangen kann. Sie versetzen ihn in Panik.

Die erste Frage lautet, wer für die Nachforschung nach der gesuchten Person denn zahlen werde. Alex verweist auf den internationalen Haftbefehl; Biche weist darauf hin, dass »der Zettel nun rein gar nichts wert sei« und nichts dazu beitragen würde, um ihre »schicke Garderobe zu finanzieren«. Alex schäumt vor Wut, findet das »ungehörig«, poltert, ob denn »Gerechtigkeit und die Verfolgung von Verbrechen an zahlungskräftige Kunden gebunden sein dürfe«. Biche entgegnet in ruhigem, aber festen Ton, wenn Gerechtigkeit und die Verfolgung von Verbrechen »niemandem etwas wert seien, seien sie wohl auch nichts wert« und macht ihren Gegenüber süffisant darauf aufmerksam, auch er arbeite nicht unentgeltlich für Gerechtigkeit und die Verfolgung von Verbrechen.

Während Alex noch nach einer geeigneten Antwort sucht, bringt Biche die zweite Frage vor, die die Weltsicht des deutschen Kommissars auf eine noch härtere Probe stellt. Biche will wissen, ob der Gesuchte denn »gerechterweise« gesucht werde. Alex fällt »nichts gescheiteres« ein, als erneut den Haftbefehl vorzuschützen, aber »diesmal in leisem und stockendem Gehabe«. Wie »jetzt schon fast erwartet« beeindruckt das die Señora ganz und gar nicht. Die gehorsame Ausführung eines Befehls sei kein »Freifahrtschein dafür, seinerseits ein Verbrechen zu begehen«. Selbst sie könne von ihren Mitarbeitern, nicht dem geringsten unter ihnen, erwarten, zu tun, was sie sage, wenn nicht »jeder im Rahmen seiner Möglichkeiten sich rückversichert«, ob ein Gesuchter tatsächlich schuldig oder zumindest seine Schuld wahrscheinlich sei.

Als Biche sieht, wie verzweifelt Alex ist, telefoniert sie kurz mit dem deutschen Konsul und erklärt sich dann bereit, den Gesuchten ausfindig zu machen (sie lässt keinen Zweifel daran, dass ihr das in kürzester Zeit gelingen wird), mit ihm zu sprechen und seine Version anzuhören, aber würde die Informationen erst weitergeben, sofern sie sich davon überzeugen könne, dass er »möglicherweise eine Schuld auf sich geladen und in Deutschland oder wo auch immer einen fairen Prozess zu erwarten habe«. Dass seine Gesprächspartnerin es für gut möglich hält, den Gesuchten erwarte in Deutschland *kein* fair geführten Prozess, wirft Alex nun gänzlich aus der Fassung. Unerhörte Anmaßung.

Diese Szene ziemlich im Anfang des Romans habe ich so ausführlich paraphrasiert, da sie eine Schlüsselrolle spielt in dem Verfahren der Autorin, die negativen Erwartungen an eine »private« Stadt ohne staatliche Polizei und Gerichte, die Alexander Rednalow stellvertretend für uns Leser ausdrückt, zu konfrontieren mit einer Realität, die das genaue Gegenteil seiner Befürchtungen zeigt. Dabei gelingt es ihr, das Ungewöhnliche, das die Tomasische Republik auszeichnet, Stück für Stück ins Selbstverständliche umzuwandeln, demgegenüber das, was wir für das »Vernünftige«, das »Normale«, oder gar das »Alternativlose« halten, immer mehr an Rationalität einbüßt. Unser Held braucht allerdings etwas länger als wir Leser, hierfür hat die Autorin reichlich vorgesorgt.

Nach der Romantheorie des Nobelpreisträgers Mario Vargas Llosa, die er unter anderem in seinem Buch über *Die Welt des Juan Carlos Onetti* 2008 präsentiert, zeichnet es Literatur aus, die »Wahrheit der Lüge« zu formulieren: Literatur fasziniere dadurch, dass der Leser die entfaltete Geschichte für wahr halten könne, obgleich sie Fiktion, also erstunken und erlogen sei; nichts sei dem Leser so verhasst wie Szenen, Personen, Handlungen und Gedanken, die er als »unrealistisch« empfindet. Karola Tembrins Roman bleibt diesem Credo treu, obwohl ihre Aufgabe diesmal besonders heikel zu erfüllen ist: Der deutsche Leser wird die Verhältnisse in der Tomasischen Republik wie Alexander Rednalow zunächst für völlig unrealistisch und surreal halten. Wenn wir uns am Ende mit Alex höllisch in Biche Caballero verlieben, ist der Autorin einmal mehr das unrealistische Kunststück gelungen, Mario Vargas Llosas Lüge zur Wahrheit werden zu lassen. Dass selbst der inzwischen zum notorischen Verkünder offizieller Staatsnachrichten tendierende »Spiegel« dem Buch bescheinigte, »bemerkenswert« zu sein und die Autorin zum Interview lud, lässt sich als Lohn für dieses Kunststück interpretieren, auch wenn er es sich nicht verkneifen konnte, Karola Tembrins mit dem Begriff *Skandalautorin* zu belegen (»Ist privat das neue öffentlich? Interview mit der Skandalautorin Karola Tembrins«).

Um nicht untätig herumzusitzen und bloß passiv darauf zu warten, was die smarte Detektivin herausfindet und was sie dann hinsichtlich der Auslieferung des Gesuchten beschließt, stellt Alex auf eigene Faust Nachforschungen an. Zu seiner »wiederholten Verwunderung« hindert ihn niemand; doch er kommt nicht weiter, sodass er entnervt entscheidet, sich der »geheimnisvoll schönen« Detektei-Chefin an die Fersen zu heften. Er ist auch Profi genug, dass er sie bei dem Treffen mit dem »Delinquenten« (wie er ihn hartnäckig nennt) überrascht. Außer sich vor Zorn, packt sie Alex, zeigt ihm, wie viel Kraft in ihrer zierlichen Person steckt, welcher er sich zu seiner »neuerlichen Verwunderung« nicht gewachsen sieht. Sie lässt ihn zitternd vor der Einfahrt stehen und warnt den Eingeschüchterten »mit ihrem erhobenen Zeigefinger wie einen geprügelten Hund«, dort geduldig auf sie zu warten. Zitternd harrt Alex aus, bevor er zu spät bemerkt – »ich Hornochse« –, dass sie inzwischen mit dem Delinquenten getürmt ist und ihn in Sicherheit gebracht hat. Somit sei die Schmach ausgeglichen, ihre, dass er sie hatte überraschen, seine, dass sie ihn hat überwältigen können, konstatiert er traurig; nun aber werde er sie wohl nie wieder sehen.

Wenn Alex am Ende des Buches sich dem Abenteuer ergibt und mit der mondänen Biche Caballero zusammen kommt, wer hätte das gedacht?, macht es aus dem Roman eher eine abgedrehte Liebes- als eine Kriminalgeschichte; Karola Tembrins Faszination, um nicht zu sagen Obsession mit schwarzweißen Liebesverhältnissen ist seit ihrer Chérie-Biographie unverkennbar, dort zwischen der Mafia-Chefin Chérie und der Edelprostituierten Lauren Jackson, hier zwischen dem Kommissar und Biche. Ein Roman ende mit der Heirat, meinte ausgerechnet der ewige Junggeselle Immanuel Kant, das Leben aber beginne mit ihr. Wird Alexander Rednalow bei ihr und in Santo Tómas bleiben oder in das garstige, unzivilisierte Deutschland mit seiner herrschenden Staatsgewalt zurückkehren? Frühestens bei der nächsten Rednalow-Folge werden wir es erfahren. Bis dahin bleibt uns nur die Fantasie.

Dass Alex am Anfang von Fantasielosigkeit nur so strotzte und sich in die Welt von Biche so gar nicht einfinden konnte, dies liegt, wie Onetti vielleicht sagen würde, so viele Seiten zurück wie der prophetische Satz, den Konsul Vargas zu Alex im ersten Gespräch sagt: »Wir alle hatten zuerst unsere Schwierigkeiten, uns in dieser anderen Welt einzufinden. Aber mit der Zeit, wie soll ich sagen? Es ist nicht nur eine Gewöhnung. Mit der Zeit empfinde ich, dass es, wie die Dinge hier laufen, ganz normal ist und bei uns in Deutschland verkehrt.«

Direkte Rede ist allerdings in dem Roman (anders als in Karola Tembrins Chérie-Biografie und einigen übrigen Bänden ihrer Rednalow-Reihe) eher selten. Es herrscht die indirekte Rede vor. Sie drückt die Distanz aus, in der Alex sich zu seiner (zunächst) unverstandenen Umwelt befindet. Das ganze Geschehen läuft ab wie hinter einer Milchglasscheibe (und erinnert hierin an Juan Carlos Onettis düsteren Roman »Für diese Nacht« [*Para esta noche*, 1943], der nach dem Willen des Autors ursprünglich den Titel »Auch für den Hund kommt der Tag« tragen sollte). Erst gegen Schluss, als Alex und Biche sich lieben lernen, lässt die Autorin Protagonist und Antagonistin in einen direkten Kontakt treten. Der Philosoph nennt es das *Zwischen*, das Leben nennt es Liebe. Es gibt Hoffnung, selbst für Typen – oder soll ich sagen: für Hunde? – wie Alexander Rednalow. Auch für den Hund kommt der Tag. Hoffnung ebenso für das Panoptikum schräger, komischer, vor allem aber tragischer Typen (Hunde), die aus Onettis Romanen stammen könnten, wenn sie sich nicht in einer Umgebung befinden würden, in der sie sein können, wie sie sind, ohne daran untergehen zu müssen. Organisch und unaufgeregt lässt die Autorin ihren Ermittler bei seinen letztlich erfolglosen Nachforschungen auf diese Menschen treffen. Ihre intime Kenntnis von Land und Leuten sowie deren im internationalen Maßstab einzigartiges Verständnis eines sinnvollen und moralischen Miteinanders macht es ihr möglich, ohne große Erklärungen den Wert der Freiheit vor Augen zu führen: Sie macht die Menschen nicht besser, aber stärkt ihre besseren Seiten und mildert ihre schlechteren Seiten. Ein Must-Read nicht nur für Rednalow-Fans (& -Hasser).

Mein Anti-Böll-Experiment lotet aus, inwieweit der lässliche Umgang der bundesdeutschen Schickeria mit dem Sympathisantensumpf um RAF und spätere linksradikale Gewalttäter bis heute sich auch auf Rechte hin verlagern ließe. Natürlich nicht. Doch wer erklärt mir, inwiefern die vermeintlich gute Gesinnung für linke Mörder als Quasi-Entschuldigung gilt, für rechte Mörder aber nicht?

In der Laudatio zu der von der Kulturstiftung NRW ausgelobten Poetikdozentur 2017 referiert die Sprecherin aus dem Roman eines der drei künftigen Poetikdozenten, dessen Protagonisten werde klar, »dass bei ihm der Haarriss der Treulosigkeit gegenüber den eigenen Idealen begann, als er – Jura-Student mit linken Sympathien – nicht zur Beerdigung von Holger Meins ging, da der angehende Jurist seine Bewerbung beim Auswärtigen Amt nicht gefährden wollte«. Holger Meins, muss ich für die möglicherweise jüngeren Leser erklären, war Mitglied der ersten Generation der Roten Armee Fraktion (RAF) und hatte sich, obzwar im Gefängnis, aus freien Stücken zu Tode gehungert, was die Sympathisanten-Szene jedoch als »Mord« titulierte (ich damals übrigens auch; das einzige Mal, dass mein Vater mit mir wirklich schwer ins Gericht ging), während ihnen die Zwangsernährung von hungerstreikenden Häftlingen als »Folter« galt. Für sie wäre bloß eine bedingungslose Freilassung moralisch akzeptabel gewesen.

Könnte eine ähnlich implizite und lapidare Bemerkung in jener Kulturstiftung durchgehen, ginge es um einen Jura-Studenten mit *rechten* Sympathien, welcher, um seine Karriere nicht zu gefährden, auf der Beerdigung der bei ihrem erweiterten Suizid umgekommenen Haupttäter des »Nationalsozialistischen Untergrunds« (NSU) fehlte und dies im Nachhinein als »Haarriss der Treulosigkeit gegenüber den eigenen Idealen« bedauert? Bewusst habe ich die Namen der Laudatorin und des Romanautors nicht genannt; es geht mir nicht um Denunziation oder Bewertung der durchaus vielschichtigen Verarbeitung in besagtem Roman und ganz sicher nicht um die Vermischung des Autors mit seiner Figur (was die Laudatorin freilich tut), sondern um den Kontext dieser Kulturstiftung, die vermutlich ein ähnliches Drama, wenn es in der rechten Ecke angesiedelt wäre, aussondern würde.

Die folgende Erzählung habe ich 2006 geschrieben und überarbeitet 2011 für meinen Roman *Die Literatte*, wo sie zuerst erschienen ist. Hier wiederabgedruckt mit freundlicher Genehmigung des Autors.

DIE KLEINE ROTE BUCHHANDLUNG
am Taunusplatz

Unsere Ankunft fiel mit dem Wolkenbruch zusammen. Außen Nässe und Kälte, innen klebte Schweiß zäh zwischen Haut und Stoff. Die Hütte lag im Tal, durch Wald gegen Einsicht geschützt. Erst wenn man fast dort war, lugte sie zwischen uralten Baumstämmen hervor, die unter dem Hagelschlag genauso zu leiden hatten wie wir. Ich bedauerte jedes Gramm an Überflüssigem, das ich mitgenommen hatte. Mutters Koffer wog kaum halb so viel wie meiner; darum trug ich ihn in der Linken. Egon hatte uns gebracht, kehrte jedoch gleich wieder um, nachdem er uns an einsamer Straßengabelung aus dem Wagen gelassen und die Richtung zum Quartier gewiesen hatte. Daß uns für die stundenlange Fahrt Augenbinden angelegt worden waren, erschien mir als ein Zerrbild von Vorsichtsmaßnahmen. ›Was ich nicht gesehen habe‹, hatte Mutter gesagt, ›kann ich nicht ausplaudern.‹ Und wenn sie ›ich‹ sagte, meinte sie mich mit.

Näherer Betrachtung bot die Hütte sich als massives Haus dar. Der Sicherheitsschlüssel steckte, von außen. Wir drangen ein und rissen uns die matschigen Schuhe von den Füßen. Die durchweichten Koffer stellte ich neben der Garderobe ab und warf einen Blick in den Spiegel; flüchtig, weil es Mutter nicht mitkriegen sollte. Hatte ich's mir doch gedacht. Augenbinde und Regen waren der Ruin für mein Make-up. Denken darf ich, was ich will; obwohl natürlich Wichtigeres für die Sache getan werden muß, als attraktiv geschminkt zu sein. Mich erstaunte, wie sauber das Haus trotz vermeintlicher Baufälligkeit hergerichtet war. Eine gelungene Tarnung. Hier würde man die Woche aushalten. Für morgen war das Eintreffen der Kameraden geplant. Mit Waffen in Händen sollte Widerstand gegen das System geprobt werden. Sorgen hatte mir bereitet, die Hunde in fremder Obhut zurück zu lassen, mußte Mutter jedoch beipflichten, daß keine andere Lösung zu Gebote stand. Ein Bein von Attila, dem braven, war gebrochen. Gerade jetzt brauchte er Frauchen. Selbst die Hunde mußten Leid ertragen, Leid für die Sache.

Mutter gab sich wie auf heimischem Boden. Kannte sie diesen Unterschlupf bereits? Sie verbarg etwas, vor mir. Warum hatte die Vorsehung mich zur Frau gemacht anstatt zum Manne, der für die Sache nützlich ist? In ihren Augen würde ich niemals Wert besitzen. Sie streifte am Fernseher entlang. Bloß äußerlich war er eine vertraute Marke, im Inneren steckte mutmaßlich Elektronik-Plunder aus Fernost. Er hatte seinen Platz der Tür gegenüber neben dem Kamin. Wie das Ladenlokal meiner kleinen Buchhandlung am Taunusplatz faßten rote Klinker den Kamin ein. Dennoch strahlte er nichts als Fremdheit aus. Beiläufig hatte Mutter den Fernseher angeschaltet und verschwand in einem Nebenraum. Durch die offene Tür war ein Herd zu sehen. Ich dagegen knallte mich aufs Ecksofa. Eine Staubwolke stieg auf. Sollte ich das Make-up reparieren? Mit dem Überflüssigen, das ich eingepackt hatte. Das würde Mutters Ärger erregen. Stattdessen legte ich die Füße auf den Beistelltisch. Ob mir Mutter wieder mit dem Spruch über die ›Angewohnheit kulturloser Amis‹ kommen würde? Mutter war süchtig nach Coca Cola, was, von der Kultur her gesehen, mehr den Geist der Schmach offenbarte als Füße auf dem Tisch, besonders natürlich einem aus Eichenholz. Was zu trinken wäre nicht verkehrt, döste ich vor mich hin, und ein Feuer im Kamin.

Regen prasselte. »… Bombenanschlag …« Die Lautstärke des Fernsehers war auf Knistern herunter geregelt und die Fernbedienung befand sich nicht in unmittelbarer Reichweite. Blitz!, gefolgt von Donner. ›Hilfe! Feuer!‹ wollte ich schreien und entzifferte den Schriftzug an dem Gebäude, das durch die Detonation beschädigt worden war und in sich zusammenfiel: *International*. Die Flammen blieben hinter der Mattscheibe. Der Schrei erstarb. Klar, es handelte sich um ein Attentat, woanders, »… in Berlin …«, und galt der »… vierten Konferenz der Europäischen Kulturminister …«. Auf dieser Konferenz strebten die Eurokraten eine Erweiterung der Kooperation mit den Yankee-Imperialisten an. Damit bezweckt man, die Auflösung gewachsener Identität zu beschleunigen. Im Vorfeld hatte es Diskussionen in unserer Gruppe gegeben. Gegen die fortschreitende nationale Entfremdung müsse man endlich mal etwas tun, hatten wir übereingestimmt. »… extremistischer Hintergrund …« Und es war etwas getan worden! Aufgewühlt lauschte ich dem Kommentar.

Mutter, komm schnell | es ist etwas getan worden | mir wird heiß | Durst | mein großer Zeh kribbelt | eingeschlafen | muß ihn aufrütteln | habe vergessen, daß er nicht mehr existiert | Freude trinken | es ist etwas getan worden | Leid am Warten hat ein Ende | Untätigkeit hat ein Ende | Brandrodung ist angebracht | Würgereiz | ausgedörrte Kehle | zerfetzter Körper ist so klein | Hilfe | nicht näher dran ans Kindergesicht | Schmerz | Leid | all das Blut | abgetrennter Finger des Opfers | bewegungsunfähig | erfroren | Ohnmacht | wäre ich schneller zum Arzt gekommen, damals, hätte mein Zeh gerettet werden können, nachdem ich es vermasselt und kläglich versagt hatte | »… die unbeschreibliche, unfaßbare Brutalität der Täter …« | was wissen die denn, wer hier brutal ist | wer leidet | die verstehen nichts | Wasser | mein Magen krampft sich | die Faust hoch erhoben | auf, lieb Vaterland | steh auf | das Vaterland erwacht und wirft die Ketten der Sklaventreiber ab | Unkraut herausgerissen | tote Gesinnung abgeholzt | Kahlschlag | schön und gut, aber zeigt bitte nicht immerzu das kleine Gesicht | die arme Mutter.

»Endlich«, seufzte Mutter. Ihr hing das kleinkarierte Geschirrhandtuch über dem linken Arm, in der rechten Hand hielt sie ein Glas mit schwarzer Flüssigkeit. Natürlich Coca Cola. »Dein Bruder Michael und die Jungs haben es tatmännlich hingekriegt. Ein herrlicher Tag für die Sache.«

Mutter hatten sie in den Plan der Aktion eingeweiht! Und mich, die ich alles für die Sache in die Waagschale warf, Gesundheit, Glück, Gefühl, war außen vor gelassen worden. Eine Frau von vierzig Jahren, ohne eine eigene Familie, Mutters ewiger Untertan, weil Vater tot war und mich zur rechten Zeit nicht freigeben konnte: 1945 wollte er sich nach der Schmach, daß vor dem alliierten Terror kapituliert werden mußte, nicht vorstellen, dem Feind in die Hand zu fallen und dann Opfer der Siegerjustiz zu werden; im Einvernehmen mit allen stimmberechtigten Angehörigen legte er darum Hand an sich selbst, und … ›Was ich nicht weiß, kann ich nicht ausplaudern.‹ Mutters Bemerkung, mit der sie mein Unbehagen abbügelte, als uns bei Fahrtantritt Augenbinden angelegt worden waren, schob sich in die Rückschau. Sie wollte mir was bedeuten. Was?

Hilflos wies ich mit meinem Finger, den *ich* noch hatte, auf das Gesicht des toten Kindes, als es wieder gezeigt wurde. Neben diesem abgerissenen Finger. Näher dran.

Großaufnahme. Du, Michael, geliebter Bruder, ein Kinder-mörder? Ich schluckte Trockenheit.

»Wo gehobelt wird, da fallen Späne, Alex. Denk an den Blutzoll, den auch unsere Familie an den Feind gezahlt hat.«

Wilhelm. Mutters Erstgeborener. Nie durfte ich ihm be-gegnen. Verblassende Photos und leuchtende Erzählungen hatten Wilhelm mir ins Gedächtnis gebrannt. Genauso wie Vater. An ihn war gar nicht zu erinnern, ohne daß Haß mich übermannte. Wilhelm ließ sein Leben unter dem Hagel der alliierten Bomben, während ich es empfing. Ich richtete mich im Mittelmaß häuslich ein als hinterletzte Speichel-leckerin des Systems. All die Jahre des entwürdigenden Friedens in Zinsknechtschaft der Yankees hatten mich ver-weiblicht, da mußte ich Mutter beipflichten.

Ich sprang auf und stürzte zum Fernseher, fast noch be-vor ich es gehört hatte. »… gesucht wird wegen dringenden Tatverdachts insbesondere Alexandra Meyer. Am Taunus-platz betreibt sie einen Buchladen. Aufgrund der Farbe seiner Verklinkerung wird er ironisch der ›rote‹ genannt. Der ›rote‹ Buchladen dient als Treffpunkt für die gesamte braune Szene …«

Mein Atem versetzte mir Stöße. Wie aus tiefsten In-stinkt drückte ich den Aus-Knopf. Das durfte nicht wahr sein! Vor Gefängnis hatte ich zwar keine Angst. Dort würd's kaum schlimmer zugehen als draußen: Das Vater-land war mir zur Fremde verkommen. Aber was sollte aus den Hunden werden? Und aus dem Gesicht des toten Kin-des? Sein Bild würde mir von nun an in den Eingeweiden hängen, neben Wilhelms und Vaters.

»Ich werde natürlich schweigen, sollte ich dem Feind in die Hand fallen. Allerdings, wenn Michael einen Funken von Vaters Ehre im Leibe hat …«

Geröll in meinen Gedanken. Mutters Gesicht steinern, wie stets. Sie erlaubte sich jedoch als äußerste Regung, die linke Braue wenige Millimeter anzuheben. Ich wartete. Mein dummer Satz, unbedacht begonnen, blieb als Bruchstück in der Luft hängen.

»Natürlich schweigst du, für den Fall daß die Schergen des Internationalismus dich einkassieren.« Mutter hatte sich Zeit gelassen, bevor sie das Urteil sprach. »Und Michael steht weiter für die Sache zur Verfügung. Er ist unverzichtbar.«

Ich entließ die Luft aus meinen ummauerten Lungen. Gedanken wie Steinschlag. Bei Fahrtantritt hatte Egon mir die Augen verbunden. Mutter hatte schon keine Binde mehr auf, als ich sie abgenommen bekam. Schon? Mehr? Ich begriff: Ihr waren die Augen gar nicht erst verbunden worden. Von Beginn an war es eine Falle gewesen. Aufgestellt von ihr. Um mich zu schnappen. Recht geschehen, mir, dem versöhnten Gör ohne Wert für die Sache. Nicht unverzichtbar. Bücher an den Mann bringen! Als ob Bücher das Vaterland retten. Nein, Michael würde das tun. Auf ihm ruhte alle Hoffnung.

Mir stand die Möglichkeit nicht zu Gebote, ohne Umweg zu antworten. »Ich war klein, da erzählte Michael mir die Geschichte von dem jungen Spartaner. Er hatte sie noch von Vater selbst gehört: Der Junge trug den gestohlenen Fuchs – war es ein Fuchs? ich glaube, es war ein Fuchs! – unter dem linnenen Umhang. Und er ließ sich eher von den Krallen des Tiers die Brust zerfleischen, als sich zu verraten.«

Mit dem Verweis auf den römischen Feldherrn, der den eigenen Sohn als Verräter hinrichten ließ, wollte ich fortfahren. Worauf ich natürlich hinaus wollte, war … Blitz!, gefolgt von Donner.

»Du hast begriffen«, sagte Mutter. »Dazu bist du blond genug.«

Nie würde sie mir bis zum Schluß zuhören, so daß ich natürlich nicht mehr wußte, worauf ich eigentlich hinaus wollte. Ich brachte es nicht über mich, sie zur Mutter eines Feiglings zu stempeln, und sei der nur ihre Tochter, die unter den herrschenden Verhältnissen bloß Überflüssigkeit ausstrahlte. Denn deren Feigheit wäre Schmähung von Vaters Andenken. Ich mußte mich in die Hand des Feindes begeben und Michaels Schuld auf mich nehmen, weil ich mir nicht vorstellen wollte, ein Leben auf der Flucht zu führen.

»Sorge für die Hunde«, sagte ich, »damit sie nicht leiden.«

Und mein Gesicht versteinerte wie ihrs vor langer Zeit.

Eigenes mit den Augen einer Fremden lesen
(2014)

Kann man sich dem eigenen wie einem fremden Text nähern? Natürlich nicht. Aber solange es keinen fremden Blick gibt, muss man sich damit zufrieden geben, sein eigener Resonanzkörper zu sein. Ein Selbstversuch. In der Ernsthaftigkeit der Persiflage sehe ich Frank Zappa und niemand Anderen als mein Vorbild. Kritische Theorie ist wenn der kleinste Weg zwischen zwei Adorno-Zitaten, oder so oder wie oder was.

Das ursprüngliche Manuskript von 2014 habe ich für diese Veröffentlichung um rund die Hälfte gekürzt.

Ich schwöre, dass ich die *Ästhetische Theorie* Adornos sowie die weiteren im Text erwähnten literatur- und lyriktheoretischen Schriften tatsächlich erst las, nachdem ich *Ambrosius: Callinische Hymnen* (edition g. 306) geschrieben hatte. Falls Lesen etwas bewirken sollte, ergab sich daraus tatsächlich ein anderer, wenn auch nicht ganz fremder Blick aufs eigene Werk. Manche Texturen fühlen sich für mich tatsächlich an, als seien sie nicht mein Stoff.

Das längste Experiment kriegt die kürzeste Einleitung. Aber mir fällt ums Verrecken nicht mehr ein. Schon das schräg klingende Simile zu Zappa ist nix als Füllmaterial. Doch Obacht, die Kehrseite ist schon für anderen Content reserviert. Demnach darf es jetzt auch nicht mehr werden. Wir sind doch, « natür|elle|ment », immer bloß Lerner auf dem Weg zu verstehen, ¿warum wir Lyrik hassen, n'est-ce pas, Ben?

Freilich bleibt Kunst verstrickt in das, was bei Hegel Weltgeist heißt, und darum mitschuldig, aber dieser Schuld könnte sie entgehen nur, indem sie sich abschaffte, und damit leistete sie erst recht der sprachlosen Herrschaft Vorschub.

Theodor W. Adorno, *Ästhetische Theorie*

DER RHYTHMUS VON ZEIT SEI VERSTÖRT
von Karin Meyer-Umstaedt

Beim vorliegenden Text[1] handelt es sich um ein Arbeitspapier in dem Rahmen des Forschungsschwerpunktes Materialistische Literaturwissenschaft III, WS 2013/14. Sinn des Papiers ist, einen Weg marxistischer Literaturinterpretation zu prüfen, der sich nicht in philologischen Untersuchungen von Text, Autor und Material erschöpft und der »lyrische Gebilde nicht als Demonstrationsobjekte soziologischer Thesen« missbraucht.[2]

Der Ansatz, bei Lyrik Rhythmus & Klang als materielle Basis für den semantischen Überbau zu setzen, nimmt das Diktum ernst, die Ästhetik habe »zentral von der Form zu handeln, so verinhaltlicht sie sich, indem sie die Formen zum Sprechen bringt«; denn »Organisation« macht die Werke zu »mehr als sie sind«; gleichwohl sind »die obersten Werke nicht die reinsten«, sondern enthalten »einen außerkünstlerischen Überschuß, zumal unverwandelt Stoffliches«.[3] Adorno mahnte an, »das Agens der Form konkret zu reflektieren«.[4] und bei dem Dichter, der sich zum Organ der Sprache gemacht habe, werde »alles Gemeinte, alle Intention sekundär gegenüber der Sprachgestalt«, Substanz kristallisiere »sich in der Sprache«.[5] Dieser Ansatz bleibt umstritten.

1 Der Titel reflektiert einen Satz aus einem Rundfunk-Essay (1957) von Theodor W. Adorno, *Noten zur Literatur*, Frankfurt/M. 2003, S. 69.
2 Aus Adornos *Rede über Lyrik und Gesellschaft* (1957), ebd., S. 49.
3 *Ästhetische Theorie* (posthum), Frankfurt/M. 2003, S. 189, 432, 271.
4 *Parataxis* (1957), Noten zur Literatur, S. 452.
5 *Die beschworene Sprache* (1968), ebd., S. 536.

··· sage mir, Μουσα, die ta†en des viel-
~~verflogenen~~gewanderten ~~drohns~~ mannes,
welcher so weit geirrt, nach der troja zerstoirung,
vieler menschen staidte gesehn, und titte gelernt hat,
und auf dem ~~blüten~~meere
so viel unnennbare leiden erduldet,
seine psyche zu retten und seiner freunde zurÿckkunft.
aber die freunde rettet er nicht,
wie eifrig erstrebt;
denn sie bereiteten selbst durch missetat ihr verderben:
Thoren! ···

Ambrosius, S. 94.

EIN JANUSBLICK AUF DIE AVANTGARDE

Die linksstehenden Verse stellen ein modifiziertes Zitat des Beginns der berühmten Voß'schen Übertragung von Homers *Odyssee* aus dem Jahr 1781 dar. Die Durchstreichungen beziehen sich auf die Metaphern, die Blankertz im Anschluss an das Bienenwunder um die Geburt von Ambrosius rankt (dieses »Bienenwunder« besagt, dass dem Säugling ein Bienenvolk im Mund ein- und ausgeflogen sei, ohne ihn zu schädigen, vielmehr im Gegenteil zu nähren). — So liest sich das Original:

> *Sage mir, Muse, die Taten des vielgewanderten Mannes,*
> *Welcher so weit geirrt, nach der heiligen Troja Zerstörung,*
> *Vieler Menschen Städte gesehn, und Sitte gelernt hat,*
> *Und auf dem Meere so viel unnennbare Leiden erduldet,*
> *Seine Seele zu retten und seiner Freunde Zurückkunft.*
> *Aber die Freunde rettet' er nicht, wie eifrig er strebte;*
> *Denn sie bereiteten selbst durch Missetat ihr Verderben:*
> *Toren!*

Neben den Eigenarten der Rechtschreibung und den Durchstreichungen, die ich an dieser Stelle nicht interpretieren will, fällt zunächst vor allem die veränderte Zeilenstruktur ins Auge, beim Vergleich mit dem Original dann die Tilgung des Wortes »heiligen« bei »der heiligen Troja Zerstörung«. In dieser Modifikation des Homer-Voß'schen Epos verbirgt sich m. E. der Schlüssel zu dem Verständnis der »Callinischen Hymnen« von Stefan Blankertz. Bezeichnend ist schon dieser Untertitel, der den Anschein erweckt, als handele es sich selbstverständlich um eine klassische Form, die einem im Moment peinlicherweise entfallen sei; und erst später realisiert man, dass es sich um ein Kunstwort handelt, bezogen auf »Callinicum«, eine Stadt, die eine zentrale Rolle in den Hymnen spielt.

Mit der Übertragung von Johann Heinrich Voß, 1781, ist bekanntlich der antike Versfuß des Hexameters – sechs mal folgen pro Zeile einer Silbe mit langem zwei mit kurzem Vokal (Daktylus) bzw. am Versende und ggf. zwischendurch nur einem kurzen Vokal (Trochäus) – für die deutsche Dichtung gewonnen worden, basierend auf einer Vorstellung Anfang des 17. Jahrhunderts, nach der im Deutschen der lange Vokal durch eine betonte Silbe und der kurze Vokal durch eine unbetonte Silbe ersetzt wird.

Das Enjambement im ersten Vers, der abweichende Zeilenfall in den Zeilen vier und sechs und die Tilgung des Wortes »heilig« in der zweiten Zeile lassen Verse entstehen, die zwischen zwei und sechs Hebungen aufweisen. Noch immer dominieren Daktylen, dies ist aber viel weniger sichtbar. Die Zeilen beginnen mal männlich, mal weiblich und enden mal männlich, mal weiblich; aus einem generell fallenden Rhythmus wird ein mal fallender, mal steigender. Vor allem gibt es nun Verse, die sowohl männlich bzw. weiblich beginnen, als auch enden; dies wird zum Teil durch Verlagerung ins Präsens erreicht (»erstrebt« statt »er strebte«).

Gleichsam »doppelt-« oder »hypermännlich« bzw. »doppelt-« oder »hyperweiblich« rhythmisierte Verse begegnen uns in den »Callinischen Hymnen« mehrfach an entscheidenden Stellen.

Aus perfekter Regelhaftigkeit sind freie Rhythmen geworden. Der Begriff der »freien Rhythmen« wird allerdings historisch auf Verse des »Sturm und Drang« im 18. Jahrhundert gemünzt, die nach Empfindsamkeit und Rührung hin angelegt sind. Die teilweise schon rationalsachliche Sprache von Blankertz widerspricht dem. Jedoch hat er die Wertungen, speziell die zum Markieren von Inhumanitäten, auch sprachlich darauf gerichtet, den Leser nicht nur zu überzeugen, sondern ihn darüber hinaus mitzureißen und zu Empörung aufzurütteln. Die Hymnen sind von ihm indessen fast durchgängig so weit rhythmisiert, dass nicht von »freien Versen« oder gar »prosaischen Lyrik« im eigentlichen Sinne gesprochen werden kann.

Die Wandlung geschieht durch veränderten Zeilenumbruch. Dies lese ich in zwei Richtungen: Die eine Richtung schreibt augenzwinkernd-selbstironisch der Avantgarde ins Stammbuch, sie sei ja wohl nicht viel mehr als eben ein Taschenspielertrick; die gleichsam literarische Umsetzung von Adornos Verdikt gegen den Jazz: »Improvisationen pflegen bloß aneinander zu reihen, treten gleichsam auf der Stelle«, denn das Kunstwerk als Werdendes »vermöchte ohne Fixierung nicht sich darzustellen«. Adorno setzt seiner These, »die Wendung zum Brüchigen und Fragmentarischen ist in Wahrheit Versuch zur Rettung der Kunst durch Demontage des Anspruchs, [Kunstwerke] wären, was sie nicht sein können« hinzu: »und was sie doch wollen müssen.« Ohne diese Zusatz wäre der Satz, wenn er auch das Selbstbewusstsein der nonkonformistischen Kunst widerspiegelt, seinerseits konformistisch. Das Fragmentarische ist eine Reaktion auf Verwundung oder »Verdunkelung« (Adorno): »Die Verdunkelung der Welt macht die Irrationalität der Kunst rational.«[1] Die Irrationalität der Kunst weist auf die Verdunkelung – oder Verwundung – der Welt hin, erleuchtet bzw. heilt sie nicht. Die Versprechen der Biblio- oder Poesietherapie

1 Alle Zitate: *Ästhetische Theorie* (posthum), S. 274, resp. 283, 35.

wären so betrachtet bestenfalls Makulatur. Wenn die Ganzwerdung – oder Wiedergewinnung einer das Subjekt rettenden anstatt brechenden Rationalität – nicht als Versprechen selbst in brüchigster Kunst steckte, wäre sie nichts als ein Wühlen in der Wunde. Und so besagt die andere Richtung der Umschreibung der Voß'schen Verse mit heiligem Ernst (um hier das getilgte Wort einzusetzen), dass die Avantgarde im Grunde mehr mit der Tradition verbunden sei als sie es vielleicht wahrhaben will. Für mich steht das für die Essenz des historisch-dialektischen Materialismus.

MATERIALISTISCHE LYRIK-INTERPRETATION

Für die gesellschaftliche Relevanz literarischer, insbesondere poetischer Texte ist nicht deren Verbreitung als Indikator heranzuziehen, sondern deren Fähigkeit, die politisch-ökonomische Realität zu spiegeln, doch nicht in der Lenin unterstellten Weise, der bürgerlichen Soziologie näher als dem Marxismus, einer linearen Abbildung, sondern in der Weise einer Verfremdung im Sinne Brechts. »Einen Vorgang oder einen Charakter verfremden heißt zunächst einfach, dem Vorgang oder dem Charakter das Selbstverständliche, Einleuchtende zu nehmen und über ihn Staunen und Neugier zu erzeugen. [...] Verfremden heißt also Historisieren, heißt Vorgänge und Personen als vergänglich darzustellen.«[1] Wenn »Relevanz« nicht eine Kategorie von Demoskopie, also von der durch Adorno inkriminierten »Wirkungsästhetik«[2] sein soll, sei ihr Indikator Qualität und nicht Quantität. Psychoanalyse dagegen »vergisst die Formkategorien über der Hermeneutik der Stoffe«, womit sie

---

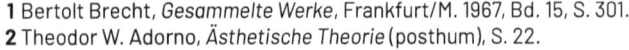

1 Bertolt Brecht, *Gesammelte Werke*, Frankfurt/M. 1967, Bd. 15, S. 301.
2 Theodor W. Adorno, *Ästhetische Theorie* (posthum), S. 22.

genau das verfehlt, was ihre Intention ist, nämlich die Aufklärung über den gesellschaftlich relevanten Inhalt. Denn »Schlüsselcharakter hat Technik für die Erkenntnis von Kunst; sie allein geleitet die Reflexion ins Innere der Werke«.[1] Das Kriterium, die Kraft eines Kunstwerks zum Reinigen »giftiger gesellschaftlicher Emissionen« zu berechnen, lautet, inwieweit »es Unentstelltes, Unerfaßtes, noch nicht Subsumiertes in die Erscheinung setzt«.[2]

Warum schreibe ich als Materialistin über die Lyrik eines Autors, der im Sinne des klassischen Liberalismus ein bekennender »Antimaterialist« ist? Die gegenwärtig vorherrschende Marx-Rezeption ist auf ein vulgäres Niveau runtergekommen, das man mit Karl Marx bestenfalls als romantischen, eventuell sogar als reaktionären Sozialismus zu bezeichnen hätte. Dies besagt, dass die sozialistischen Forderungen ohne jede Grundlegung in der politischen Ökonomie als moralische gestellt und unabhängig von der materiellen Grundlage als erfüllbar angesehen werden. Demgegenüber ist Blankertz' Antimaterialismus materialistischer als die romantisch-reaktionären Vernebler der Basis. Wiederholt habe ich darauf hingewiesen, dass Blankertz' Konzentration auf den Überbau mehr über das Sein aussagt als diejenigen, deren Bewusstsein im Nichts gründet. In dem Rahmen der »Callinischen Hymnen« ist die Neruda-Persiflage am Ende noch heranzuziehen (siehe unten).

Bei der Interpretation haben wir davon auszugehen, dass alle Auffälligkeiten interpretationsfähig und interpretationsbedürftig seien. Die Frage zu erörtern, ob nun der Dichter sie bewusst eingesetzt habe oder nicht, ist

1 Beide Zitate: ebd., S. 19 resp. 317.
2 *Rede über Lyrik und Gesellschaft* (1957), S. 50.

zweitrangig und selten von Bedeutung, ganz abgesehen davon, ob die Antworten zu verifizieren wären; selbst bei historischen Autoren, deren biografische Details Bände füllen wie etwa bei Paul Celan, sind die Aussagen über Intentionen und über das, was ihnen beim Dichten denn bewusst und gegenwärtig gewesen sei, meist nichts als subjektive Vermutungen der jeweiligen Interpreten. Dass mit derartigen Verfahren, höhnt Adorno denn, die Philologen aus den Werken »herausgepumpt haben, was die Künstler hineinpumpten«, sei »tautologisches Spiel«, sei »nichts als Bildung«.[1] Der Gehalt eines Kunstwerks beginne vielmehr »genau dort, wo die Intention des Autors aufhört«.[2] Denn »Kunstwerke sind, durch die Freiheit des Subjekts in ihnen, weniger subjektiv als die diskursive Erkenntnis«.[3] Weder die Innerlichkeit des Autors, noch die gegebenenfalls von seinem Gesamtwerk ausgehende Botschaft interessieren, es sei denn, sie haben eine Relevanz für das Verständnis gesellschaftlicher Zusammenhänge. Die Theorie wolle benennen, formulierte Adorno 1957, was »insgeheim das Getriebe« zusammenhalte.[4]

Für die zentrale Aussage der Hymnen verbindet Blankertz die *Dialektik der Aufklärung* von Horkheimer und Adorno, die These der *Mikrophysik der Macht* Foucaults und die *Kritik der instrumentellen Vernunft* Horkheimers in ironischer Umkehrung zu einer Anleitung zum Machterhalt, eine verbesserte Form von Machiavellismus, die interessanterweise schon Ambrosius angewendet hat:

1 *Ästhetische Theorie* (posthum), S. 195 resp. 289f.
2 *Zu einem Porträt Thomas Manns* (1962), Noten zur Literatur, Frankfurt/M. 2003, S. 336.
3 *Ästhetische Theorie* (posthum), S. 191.
4 *Soziologie und empirische Forschung*, Gesammelte Schriften, Bd. 8, Darmstadt 1998, S. 196.

Die Macht wird einerseits moralischen Regeln (ver-körpert durch die christliche Kirche) unterworfen, damit als moralische Instanz aber legitimiert und zu grenzen-loser Gewaltanwendung lizenziert. »Die Gesellschaft ist integral, schon ehe sie totalitär regiert wird. Ihre Or-ganisation umgreift noch die, welche sie befehden, und normt ihr Bewußtsein«, notierte Adorno 1946-47.[1] Das aber sei kein Argument gegen Protest: »Die Entdeckung konformistischer Züge im Nonkonformismus jedoch ist unterdessen zur Binsenwahrheit geworden, gut einzig dazu, daß das schlechte Gewissen des Konformismus sich ein Alibi holt bei dem, was es anders will«.[2]

Handelt es sich um Gedichte? – Mit der Frage »Was ist ein Gedicht?« beginnen Kristin Felsner et al. ihr *Arbeits-buch Lyrik* (2012). Sie steigen von dieser fulminanten Ausgangsfrage, die sie objektiv-definitorisch entlarven als unbeantwortbar, nicht zu einer materialistischen Theorie auf, sondern bieten leider nur ein Kompendium traditioneller germanistischer Lyrik-Vorstellungen. Die Definition des lyrischen Inhalts wie seiner Form ist ohne historischen Kontext nicht zu leisten; was das Lyrische überhistorisch macht, ist vielmehr seine Funktion als kritischer Spiegel der Zeit: »Kunst ist die gesellschaft-liche Antithesis zur Gesellschaft. [...] Einzig durch ihre gesellschaftliche Resistenzkraft erhält Kunst sich am Leben.«[3] Auch in diesem Spiegel wird nichts ohne das Licht des historischen Kontexts sichtbar. In solcher dia-lektisch materialistischen Sicht sei ausgeschlossen alle

1 *Minima Moralia*, Frankfurt/M. 1969, S. 275.
2 *Ästhetische Theorie* (posthum), S. 308.
3 ebd., S. 19, 335. Wenn die Parole »der« 1968er lautete, gerade das Private sei politisch, so wusste Adorno schon, dass die politische Sprengkraft der Kunst eben umgekehrt in ihrer Weigerung besteht, sich der gesellschaftlichen Instrumentalisierung hinzugeben.

Textproduktion, stelle sie sich in Prosa- oder Poesieform dar, die unkritisch und affirmativ wäre, reime sie sich nun oder nicht: Vom Popsong über die Bierzeitung bis zum nobelbepreisten »sozialistischen« Dichter, der meint, in einer Tages-Zeitung sein Verhältnis zu Israel in altersungelenken Zeilen als ein kritisches darstellen zu sollen, um damit ohne jede kritische oder auch nur verfremdende Absicht in den gängigen links-rechten Antisemitismus einzustimmen.

Sofern wir uns in der Frage nach der Gedichthaftigkeit der Blankertz'schen Hymnen aufs Vorliegen von Versen als optisch nicht ausgefüllte Zeilen beschränken – Blankertz (selbst?-)ironisch: »zeilen siebrechen vor ihrem schluss« –, handelt es sich bei seinen »Hymnen« unzweifelhaft um Gedichte. Aber schon, falls wir von einem zeitgenössischen Gedicht eine mehr oder weniger kurze Selbstoffenbarung aus dem Bereich der Innerlichkeit des Autors erwarten oder ein Mischmasch unauflöslicher und rätselhafter Anspielungen, wird es geringer deutlich.

Erzählen ist in der Literatur zwar wieder erlaubt, ohne gleich als »trivial« stigmatisiert zu werden, doch gilt dies nicht für die Lyrik. Volker Klotz nennt in seiner *Verskunst* (2011) als erstes Kriterium für ein lyrisches Gedicht, es sei 1. »fabellos«, biete »keine erzählbare oder szenisch vorführbare Folge von Begebenheiten«. Die weiteren Merkmale: 2. »kurz, prägnant«, lyrisches Ich mit 3. Alleinperspektive und 4. -stimme, 5. »Vers-Raum für Eigen-Zeit« sowie 6. »synästhetischer Vollzug«. Für die Blankertz'schen Hymnen treffen 5 und 6 zu, gegen 1 und 4 verstoßen sie explizit.

Spricht das gegen sie oder gegen die Kriterien?

AMBROSIUS' TOD (HYMNE XII)

Mit dem Tod von Ambrosius, obwohl als Hymne XII bezeichnet, beginnt der Zyklus. Bloß die ersten Zeilen jedoch beschäftigen sich mit dem Tod des Bischofs von Mailand 397, die übrigen reflektieren das Verhältnis des Autors zum eigenen Werk und zu Ambrosius mit einem kurzen Einschub dazwischen, der allgemeiner Art ist. Am Schluss steht eine Anweisung für die Geschehnisse auf der Vorbühne nach dem Vorhang. (Text s. S. 141f.)

Das ideale Versmaß der ersten fünf Zeilen, das in gewisser Weise für den ganzen Zyklus verbindlich ist (obwohl selten realisiert, wie auch hier ganz am Anfang nicht), ist fünfhebig ansteigend (jambisch) mit männlicher (stumpfer) Kadenz und Zäsur nach der zweiten Hebung (vers commun).

Das wirkliche Versmaß allerdings sieht anders aus: Um das Idealmaß zu erreichen, müsste der jeweils betonte Auftakt an das Ende der vorhergehenden Zeile gesetzt werden. Die syntaktischen Grenzen verbieten jedoch solch eine Anordnung, sodass jeweils zwei Zeilen sowohl mit weiblichem Auftakt als auch mit weiblicher Kadenz und zwei Zeilen mit sowohl männlichem Auftakt als auch männlicher Kadenz entstehen; doppel- oder hyperweibliche und doppel- oder hypermännliche Verse stehen verschränkt, nur die letzte Zeile dieser Gruppe kommt (annähernd) dem Idealmaß nahe.¹

Sowohl männlich-weibliche Auftakte und Kadenzen als auch die Durchbrechung des Rhythmus spielen für die ganzen »Callinischen Hymnen« eine entscheidende

---

1 Am|brósius| setzt S. Blankertz verschiedentlich mit einer alltagssprachlich untypischen Betonung statt daktylisch (plus klingendem Auftakt) als zwei Jamben ein: Ambró|siús|, oder auf drei Silben verkürzt am|bróse|(lateinischer Vokativ).

Rolle, kaum wieder jedoch in einer solch alternierend geordneten Form wie hier am Beginn.

Die zwei hyperweiblichen Verse berichten, wie Jesus dem sterbenden Bischof erscheint und wie jener diesen anspricht. Die übrigen Verse, hypermännlich, enthalten Ambrosius' Illusion, die Ziele von Jesus verwirklicht zu haben, sowie die Zurückweisung durch Jesus in direkter Rede; die letzte betonte Silbe in dieser Strophe, hervorgehoben als eine eigene Verszeile, ist »Macht« und macht uns damit klar, um was es im ganzen Zyklus geht. Die Doppelbedeutung »macht« als Verb in der dritten Person Einzahl von »machen« und »Macht« als Substantiv wird an entscheidenden Stellen wiederholt. Sie verweist darauf, dass die Macht eben nicht aus dem Nichts entsteht, sondern vielmehr in konkreter gesellschaftlicher Arbeit, dem Machen eben, gründet.

Auch die Verschreibung von *hast* zu »hasst«, mittlerweile schon werbegängig, wird verschiedentlich aufgenommen und verweist darauf, dass das Sein (bzw. stellvertretend: Haben) nicht wertfrei beschreibbar ist, stattdessen immer ein Urteil, eine Standortklärung erheischt, also Parteinahme.

Als Antwort auf Jesus' inquisitorische Frage bereut Ambrosius, bevor er stirbt (dieser Vers, der dem Idealmaß am nächsten kommt, bleibt mit nur vier Hebungen konsequenterweise unvollständig, da Ambrosius ja gestorben ist). Die Reue von Ambrosius ist das einzige Zeichen von Hoffnung in den »Callinischen Hymnen«; Ambrosius ist nicht verbohrt oder »böse«, sondern als Mensch gleichsam überhistorisch einsichtsfähig, obwohl er seine Einsichtsfähigkeit in der historischen Situation, in der er ganz konkret steht, nicht realisieren kann. Auffallend ist, dass Ambrosius nach der Rede von

KLINGE:

dem sterbenden erscheint der bruder,
glaubt er sich ins ziel von dessen träumen schein.
»o bischof«, flüstert jesus sonnderm,
»warum hasst du mir das herz so ~~öd~~ wüst ge-
            Macht?«

JÜNGERICH:

ambrosius bereut und stirbt —

DISCOTANZ PER-SONARE ALTEGO:

»warum«, oh
so mit 'nem historischen schinken verenden
sondern callinische hym en somit anfin[un?]gern
bist Du es
der es mir befehdet
es [in die (das)] wüst[e (Land)] [& einsam] zu rufen
ohne echo — oder —
verfeuern aus schläfenlappen
epileperähnliche mitternachtskrankheiten
gemälzt in purpur
trotzdem wird's euch nicht geschmeckt
neuerfreulich mir erfindend die verkehrt
zeilen siebrechen vor ihrem schluss
das bringt mehr davon
mit weniger zeichen
aber nicht weniger arbeit
sondern weniger [   ]
aber mehr durchd8samkeit und mehr scherereien
sondern mehr: sorgen [: ὀργια]-

Ambrosius, S. 9.

GEMIXTES CHLOR:

a-im anfang

DISCOTANZ:

        mag das wort verwesen sein
doch mit 9 mal wurde es un!r-wichtig

ALTEGO:

dich Macht die Macht an
du verschießt dein pulver nicht
für nachtkommen
o ambrose
sondern zeugst
in der hochzeitsmacht
mit der *morti*
leid über leid
und heißt sie >friede<

KLINGE:

pax romana
— sei —
wel†friedhof für alle

VORHANG

[Gauguin-Girls sharemösen, haben nichts drunter,
du siehst alles, sie bieten nichts.]

Ambrosius, S. 10.

Jesus ohne jede Gegenwehr »bereut« und, weil Jesus keine Begründung gibt, diese im Grunde seines Herzens eigentlich[1] schon kennen muss. Diesem Hoffnungsschimmer mit der Stimme von »Jüngerich« entspricht das steigende Versmaß; die materiale Realität, hier vertreten durch die Semantik, wirkt jedoch als Störfeuer. Ambrosius stirbt, kann Reue mithin nicht mehr öffentlich ausdrücken; insofern bleibt sie machtlos. Religiöser Innerlichkeit zum Trotz bleibt Macht realer, wenn auch verheimlichter Maßstab.

Die Verschreibung von der auch im weiteren Verlauf der Hymnen wichtigen Konjunktion »sondern« zu »sonnderm« verdient eine spezielle Aufmerksamkeit in der Interpretation; »sonnderm« liest sich – obwohl grammatisch in adverbialer Stellung – wie ein Adjektiv, das Jesus beschreibt. Er mag sonnengebräunt sein, jedoch durch falschen Schein der Träume von Ambrosius und eventuell anderer Christen, insofern Blankertz Ambrosius *pars pro toto* für eine bestimme Entwicklung im Christentum behandelt. Es klingt, als würde die »derm«, die Haut von Jesus, unter dieser Scheinsonne leiden.

Die »tropische«, uneigentliche Rede kommt in den »Hymnen« meist nicht als das eigentlich Gemeinte substituierendes Bild im Sinne aristotelischer Metapherntheorie vor, sonnderm im Spiel mit Doppelbedeutungen und »Etymen« im Sinne von Arno Schmidt.[2] Der Akzent liegt anders als bei Arno Schmidt auf den Assoziationen

---

1 Dieses »eigentlich« bleibe nicht ohne Hinweis auf Adornos Kritik am *Jargon der Eigentlichkeit*.
2 Alle oder zumindest viele Worte haben eine klangliche zweite Bedeutungsebene, die vor allem Assoziationen und geheime Wünsche sexueller Inhalte transportiert; Etyme sind sprachliches Äquivalent zu Freuds »Es«. Bei Blankertz wird die sublimierte Form, Macht, zu dem zentralen Thema.

mit dem geschriebenen Wort als mit seinem Klang, darum braucht Blankertz auch nicht extensiv und obsessiv wie Schmidt die Schriftsprache der Sprechsprache anzugleichen versuchen.

Von den sechs Hebungen im Vers, nach dem Jesus zu reden beginnt, treffen drei auf ein »a« als Vokal. Jesus ist Alpha, Anfang, und Omega, Ende (Omega als letzter Buchstabe im griechischen Alphabet): Die erste Hebung des nachfolgenden Verses ist ein »o«, das »o« aus Ambrosius, der das Alpha und Omega gleichsam im Namen trägt.

Das Versmaß der folgenden Zeilen gerät rhythmisch, wenn auch mit bedeutsamen Unterbrechungen, überwiegend männlich (trochäisch) alternierend mit etlichen eingestreuten Daktylen.

Vers sechs ist in inhaltlich verschiedenen Varianten zu lesen; sogleich erklärt sich, warum ich mich für die Variante »es wüst zu rufen« entscheide: Rhythmisch zeigt sich die Doppelbedeutung des Adjektivs »wüst« im Sinne von Durcheinander und gewalttätig oder kraftvoll. Das Durcheinander ist jedoch scheinbar. Es lässt sich weitgehend entwirren, wenn wir jeweils zwei Verse, die keine fünf Hebungen aufweisen, zusammenfassen. Dabei bleiben vier Verse übrig; in der achten Zeile, »verfeuern aus schläfenlappen«, gehen zwei Hebungen im Rauch auf. In der elften Zeile, »trotzdem wird's euch nicht geschmeckt«, verliert sich das Hilfsverb der Aneignung, »haben«, im Hebungsprall mit den folgenden Zeile, »neuerfreulich mir erfindend die verkehrt«. Das Verkehrte drängt sich mit Macht in den gemächlichen Lauf des Rhythmus, der hier unterbrochen wird durch vier hypermännliche Verse, um dann wieder einen fortlaufenden Rhythmus zu finden bis zu den »sorgen«. Der

Vers 13 »bricht« noch vor seinem »schluss«, der fünften Hebung; dass der »Schluss« auf der Hebung steht, dementiert ihn, allerdings nur vorläufig. Der wahre Schluss ergeht sich wollüstig in Orgien von Sorgen und lässt die Rede in der Schwebe. Die Verse 12, »neuerfreulich mir erfindend die verkehrt«, und 13, »zeilen siebrechen vor ihrem schluss«, verstärken ihre Aussagen zudem durch Umkehrung des fallenden Metrums in ein steigendes. In dem neunten Vers, »epileperähnliche mitternachtskrankheiten« wird der Krampf mit einer Umkehrung des Metrums plus Hebungsprall im Wort nachgebildet, indessen er in zwei Daktylen unregelmäßig abklingt und sich krampfhaft wieder etwas beruhigt.

Als »Mitternachtskrankheit« (Midnight Desease) hat Edgar Allen Poe den Schreibrausch bezeichnet. Die Kombination mit »Epilepsie« und »Schläfenlappen« weist auf die Theorie der Neurowissenschaftlerin und, nach ihren eigenen Angaben, an Hypergrafie leidenden Literatin Alice W. Flaherty, derzufolge Schreibrausch und -zwang sowie literarische Kreativität eng mit den Aktivität der Schläfenlappen verbunden sind, die auch in Kombination mit der Schläfenlappenepilepsie auftreten können.[1] Nun steht im Text nicht Epilepsie, sondern Epileper. Die Verschreibung der Buchstabenkombination »sie« mit »er« resp. »er« mit »sie« (»siebrechen«) verwendet Blankertz häufig als verfremdenden Indikator für gender-relevante Themen, was mir in diesem Falle eine jedoch nicht oder weniger zutreffende Deutung zu sein scheint. Die betonte Schlusssilbe von »Epilepsie« lautet nicht »sie«, sondern »psie« (gr. ψ). Formal grenzt sich diese Verschreibung also klar ab von Arno Schmidts klangbetonter Etym-Lehre, setzt anstattdessen auf die

1 Alice W. Flaherty, *Die Mitternachtskrankheit*, Berlin 2004.

optische Wirkung der Buchstaben, da das »sie« visuell eigenständig ist und die voraufgehende Silbe als »lep« erscheint. Dagegen macht die Verschreibung nur einen Sinn in klanglicher Hinsicht. »Epilepsie« tönt durch den fremden »ψ-Laut« schwierig, kompliziert, bedrohlich; dagegen klingt »epileper« läppisch. Hören wir darin die Angst des Autors, läppisch zu klingen (»verenden«), oder doch die Hybris, dass Literatur das Bedrohliche zum zahmen Kätzchen macht?

In die Reihe visueller Verschreibungen gehört auch die »durchd8samkeit«, denn etymologisch ist das Zahlwort »acht« nicht mit »Achtsamkeit« oder »Achtung« verwandt. Welchen Sinn hat die Verschreibung? Die Zahl 8 ist in vielen Religionen von den Ägyptern bis zu den Chinesen (Zahlenmystik, Taoismus, Buddhismus) und Indern Trägerin mystischer Bedeutung, im Judentum kennzeichnet sie die Brücke zwischen Zeitlichkeit und Überzeitlichkeit, Dies- und Jenseitigkeit. Wenn auch nicht etymologisch, so gibt es eine semantische Verbindung zwischen dem achtsamen Durchdenken, das nicht beim Offensichtlichen stehen bleibt, dem immer dem Bestehenden, also Herrschenden, verpflichteten Positivismus und dem Empirismus. Ein darüber hinausgehendes Denken aber bringt in den Widerspruch zum Bestehenden, also führt es zu »mehr scherereien« und »mehr: sorgen«. Oder ist es nicht doch zumindest auch eine lustvolle »Orgie«?

Das Bild der »Wüste« zieht sich aus dem biblischen Ursprung von Andreas Gryphius' *Einsamkeit* (1663) und seinen »öden Wüsten« über Novalis' *Hymne an die Nacht* (1799) mit ihrer Gruft »wie wüst und einsam« über Friedrich Nietzsches »die Wüste wächst: wehe dem, der Wüsten birgt« bis hin zu T. S. Eliots *The Waste Land*, durch Ernst Robert Curtius 1927 und Eva Hesse 1973 mit *Das wüste Land* übertragen, durch Norbert Hummelt 2008 mit *Das öde Land*, vermutlich um die Doppelbedeutung von »wüst« als »sinnlos gewalttätig« zu vermeiden, die Blankertz aber wieder herstellt: Das »in die Wüste Rufen« ist sinnlose Energievergeudung (»ohne echo«), das »wüste Rufen« ein einschüchternder Wutausbruch gegen Mitmenschen, bestenfalls ein passiv-aggressiver Hilferuf.

Der rasante ansteigende Rhythmus verkehrt sich in einen fallenden, der in drei Daktylen ausplätschert: Das Wort verkehrt sich aus seinem Urgrund erst ins Falsche und stirbt dann den unrühmlichen Tod in der Vergessenheit. Warum aber neun- statt ein-mal? Die Zahl neun, deren Name etymologisch mit »neu« zusammengeht,[1] steht für die Vollkommenheit, da sie drei mal die nicht nur im trinitarischen Christentum göttliche Zahl drei enthält: So gibt es auch neun Musen. Hier bei Blankertz aber steht sie für die negative Tendenz zur Entwertung des Wortes, das der Ursprung des Seins ist. Das Heilige, lese ich daraus, wird unheilig und die Metapher dafür ist Ambrosius, der das Christentum mit »Cæsar vermählt«.

Zu »a-im Anfang«: Luther übersetzt Genesis »Am Anfang«, Johannes »Im Anfang«, wobei »im« ein Widerspruch in sich selbst darstellt, denn etwas, das »im« ist, ist umgeben von etwas, nämlich Raum oder Zeit. Die Buchstabenfolge »aim« lese ich auch englisch als »Ziel«, »Ende«, gr. Ω (omega).

Obwohl das Wort »Macht« durch Großschreibung auch des Verbs und durch die doppelte Betonung hervorgehoben ist, geht es fast unter im irren Rhythmus,

---

1 Da im Zählen mit der Basiszahl acht nach zwei Mal vier Fingern (ohne Daumen) das Zählen neu beginnt.

der durch das daktylische Wort »nachtkommen« (statt Nachkommen) ins Straucheln gerät. Die betonten Silben der Verse eins und drei haben das A des Anfangs; die der Verse vier und fünf, nach der Rhythmusstörung durch »nachtkommen«, das O des Endes. Das Wort, das durch Hebungsprall im Vers hervorgehoben ist, ist »leid«. Es wird »gezeugt«. Aber nicht durch »Nachkommen«, durch natürliche und lustvolle Sexualität (hochzeitsmacht statt Hochzeitsnacht), durch Samen und Flüssigkeit, sondern durch trockenes, gleichsam ödes Pulver, Pulver für wüstes »verschießen«. So wird das »leid« auch nicht »aus« leid gezeugt, sondern über: nicht als organisches Wachstum, sondern über den Weg der Gewalt, der in Owell'schem Neusprech als »Frieden« bezeichnet wird.

Während die Bildgebete von Georgia von Schlieffen zu den anderen Hymnen jenseits von Sprache und Bildlichkeit einen namenlosen und abstrakten Schrecken einfangen, ist auf diesem in das Drohende eine Plattform gemeißelt, auf der die fünf Stimmen Ambrosius' Tod besingen, Gott loben oder den Auftritt der Gauguin-Girls auf der Vorbühne klanglich begleiten: Mit Leichtigkeit und Augenzwinkern prägt dies Bildgebet das Lesen des ersten Hymnus im Zyklus. Aber das ist erst der Anfang.

Sprachlich und bildlich machen wir mit dem Ende der Szene einen großen Zweisprung ins 19. und ins 20. Jahrhundert. Der Tod von Ambrosius, die Klage des Autors, die Reflexion auf das Leid werden zum Teil einer schlüpfrigen Show, die nur in Verbindung mit dem »Unrichtig«- und »Unwichtig«-Werden des Wortes gesetzt werden kann: »alles« und »nichts« kommen auf das Gleiche raus. Wenn Sexualität bei Ambrosius in Macht sublimiert wird, ist sie nun entwertet oder trivialisiert.

Was hat das mit Gauguin zu tun? Bei der Vorliebe von Blankertz für Vargas Llosa denke ich an *Das Paradies ist anderswo*. Gauguin wird hier nicht als der Apostel einer befreiten Sexualität porträtiert, sondern als jemand, der als schwer sexualökonomisch geschädigter Europäer nicht anders kann, als die naive, kaum jedoch als wirkliches Gegenbild geeignete sexuelle Freizügigkeit der Polynesierinnen in unglaublicher Weise auszunutzen – dass sie sich ausnutzen lassen, ist allerdings nicht nur Gauguin anzulasten, sondern auch der Unfähigkeit zum Widerstand der Ausgenutzten.

Die deprimierende Auskunft für Ambrosius lautet also, dass er im Tod nicht wie gehofft des Paradieses teilhaftig werde, da das Paradies anderswo liegt. Es hätte im Diesseits gelegen: »Kunstwerke jedoch haben ihre Größe einzig daran, daß sie sprechen lassen, was die Ideologie verbirgt.«[1]

O CHRISTE (HYMNE XI)

Der Schlusshymnus gliedert sich in drei Abschnitte, das »te deum« (Text s. S. 150), ein Neruda-Zitat (s. S. 153) sowie eine abschließende *spoken bridge* von Altego plus letzten Wiederholungen durch Jüngerich, Klinge und Discotanz und dem letzten »Vorhang« (s. S. 157).

Das »te deum« wird auch »ambrosianischer Hymnus« genannt und gibt in dieser Form eine Anlehnung für den Untertitel des Zyklus. Ausgewählte Zeilen daraus werden mit anderer als der traditionellen Verseinteilung im Wechsel von Discotanz und dem Gemixten Chlor deutsch und lateinisch vorgetragen, wobei Discotanz die Person von Ambrosius (verschrieben als »Amboss«)

---

1 Theodor W. Adorno, *Reden über Lyrik und Gesellschaft* (1957), Noten zur Literatur, S. 51.

dich, g3tt, loben wir: dich, herr, preisen wir
dich, den vater unvermeßner majestät
deinen wahren einz'gen sohn
heilig ist der geist, der vertröstet uns
herr≠?milch christus, o mein könig du
deines vaters s†ein beißt du in aller ewigstreit
du bist mensch gewurmt, um den menschen zu befrein
du hast der Jungfrau nektarsch✡ß nicht verstoßen
du hast bezwungen ihn, des todes stachel
als richter kehrst du, so glauben wir, einst wieder
dich bitten wir denn, diene hilfe an den dienern
die du erlöst mit kostbar wunden
und dein volk rette, o herr
und auch dein erbe segne
in gnaden wollest du, herr
an diesem tag uns ohne schuld bewahren
erbarm' dich unser, o herr, erbarm' dich unser
laß dein erbarmen über uns geschehen
so wie gehofft auf dich wir haben
auf dich, o herr, habe ich meine hoffnung gesetzet
bis ewig werde ich nicht zuschanden

Ambrosius, S. 111f.

verkörpert, der Chor Augustinus. Das frei-rhythmische »te deum« soll laut Legende spontan entstanden sein im Wechselgesang zwischen Ambrosius und Augustinus (der durch Ambrosius vom bipolaren Manichäertum zum trinetarischen Christentum bekehrt und dann getauft worden ist). Die deutsche Fassung, die der Hymnus bringt, weicht von den traditionellen Übersetzungen inhaltlich und rhythmisch ab, die lateinische Fassung nur an einer Stelle, auf die ich noch zu sprechen komme.

Das Rhythmus-Schema der deutschen Fassung ist regelmäßig – linientreu sozusagen – alternierend, bis zur Zeile sieben trochäisch mit männlicher Kadenz (hypermännlich), ab Zeile acht jambisch mit weiblicher Kadenz (hyperweiblich), sowie mit Zäsur bzw. mit Hebungsprall nach der fünften Silbe. Da hier der Zeilenfall anders als traditionell überliefert angeordnet ist, kann eine darin verborgene Aussage unterstellt werden.

Eine Beobachtung in dem lateinischen Text, der bis auf eine Stelle dem Original gleicht, allerdings die Zeilen der Blankertz'schen Version folgend umbricht, ist der Schlüssel zum Verständnis der ganzen Hymne. Die Abweichung steht in Vers neun. Statt »mortis aculeo« (des Todes Stachel) steht dort »apis aculeo«, das heißt der Bienen Stachel. Damit wird – wie durch den heidnisch-obszönen »Nektarschoß« Mariens in Vers acht – ein Zusammenhang mit dem sogenannten Bienenwunder bei Ambrosius' Geburt hergestellt (dem Säugling flogen, der Legende zufolge, Bienen in den Mund, taten ihm jedoch kein Leid an, sondern nährten ihn, zum Zeichen seiner großen, wundersamen Zukunft). Die Biene stirbt, wenn sie sticht, also sich wehrt. Dies können wir als Fingerzeig auf das Jesus-Wort lesen, man solle dem Bösen keinen Widerstand entgegensetzen: Mit der Gegenwehr

verletze man sich selber mehr als das Böse. Anders-
herum ist ein Bienenstich verglichen mit dem Tod ein
kleines Übel, sodass wir dieser Wendung auch eine
gewisse Ironie dem Heilsversprechen gegenüber ent-
nehmen können: Der Glaube heile zwar gewisse Alltags-
sorgen wie Bienenstiche, nicht jedoch die existenziellen
Probleme des Menschen; nicht ewiger Frieden, sondern
ewiger Streit droht (Vers sechs »deines vaters sohn bist
du in aller ewigstreit«). Der heilige Geist, im Vers vier
verschrieben zum »eiligen«, »vertröstet uns« bloß.
Ironie blitzt ja auch im Vers zehn auf »als richter kehrst
du, so glauben wir, einst wieder«, wo die Umkehr vom
fallenden zum steigenden Rhythmus im Einschub »so
glauben wir« mit ironischer Betonung des »wir« ge-
fangen bleibt, während die Zeile nun doch wieder fallend
endet. Sowohl Ambrosius, welcher den deutschen Text
spricht, als auch Augustinus, welcher den lateinischen
Text spricht, nehmen in diesem Hymnus den Glauben an
Jesus Christus und seine Lehre nicht so ganz ernst. Die
widerrhythmische Betonung von »ich« in Vers 20 und 21

auf dích, o hérr, hábe ich méine hóffnung gesétzet
rhythmisch: *auf dích, o hérr, hábe ich gesétzet méine hóffnung*
bis éwig wérde ich nícht zuschánden
rhythmisch: *bis éwig wérde nícht zuschánden ich*

– wirkt fast verzweifelt. Aber wenn es die Verzweiflung
derjenigen ist, die Jesus missbrauchen, verbirgt sich die
Hoffnung genau hierin.

Aus Pablo Nerudas *Großem Gesang* (1950) wird eine
verfremdete Passage mit der Stimme von »Jüngerich
per-sonare n. n.« vorgetragen, die im Original mit »An
meine Partei« überschrieben ist. (Text s. rechte Seite.)

mir hast Du gegeben meinen bruder, dermeinst unbekannt
mir hast Du gebündelt aller menschen kraft zu sieg und heil
mir hast Du gegeben meines paters pfand, wie neuverbohrt
mir hast Du gegeben die befriedung††, einzahm ist sie nicht
mir gelehrtest Du, dass mann *ambrosia* wie ein feuer schnürt
mir gabst Du gerade, was der baum   um s ehen braucht
mir gelehrtest Du die ein- & vielheit aller namens mannsch
mir vorzeigtest Du, dass schmerz im kriege aller untergehe
mir gelehrtest Du im harten bett der brüder meinen schlaf
mir vermachtest Du, dass wahres nicht an rauhen felsen stieß
mir vermachtest Du des Ruchlos + des Rasend feind zu sein
mir hast Du es aufgesteckt, das licht von dieser unsrer welt
uns†erblichkeit ver[ge?]liehen
denn in Dir find' ich in mir kein[e l]ende

Ambrosius, S. 112.

Die kompakten und fast gleichlangen Verse eins bis zwölf stehen als Überbau auf recht wackeliger »Basis«.

Makellos scheint die Metrik. Der »Drang, dem Vers [...] widerstandslos nachzugeben« ist nicht »gebändigt«,[1] und das ist höchste Alarmstufe für Kitsch, in diesem Fall Kitsch des sozialistischen Realismus, der hier satirisch aufs Korn genommen wird. Dennoch findet sich Widerständiges, ohne heillos dem Verhängnis ausgeliefert zu sein. Kaum merklich ist die Metrik im Vers sechs um einen Takt gekürzt und in Vers acht um eine Senkung verlängert. Da in Vers acht problemlos, um im Schema zu bleiben, statt »úntergéhe« hätte »úntergéht« stehen können, ist dieser Zeile besondere Aufmerksamkeit zu schenken. Die Schlussverse 13 und 14 sind zwar verkürzt, bleiben jedoch im Schema. Vers sechs bricht den Sinn ironisch, weil gerade der Aussage, das »Du« gebe »mir« alles, was ich zum Stehen brauche, verkürzt ist: Sie ist Ideologie.

Aber was soll in Vers acht, der vom Krieg handelt, die weibliche Kadenz, die hier abweichend vom Schema steht? Würde der Indikativ benutzt – »untergeht« (und zwar der Schmerz, nicht der Krieg) –, hätte das das Schema gewahrt. Der Konjunktiv, gewissermaßen der als Weiblichkeit gedachte Trost, steht dort, denn der Schmerz geht nicht im Krieg unter, sondern wird durch ihn gezeugt (*leid über leid*, wie es zu Beginn des Zyklus heißt).

Und natürlich stellt sich »ambrosia« in Vers fünf quer, allerdings nur durch eine zusätzliche unbetonte kleine Silbe, kaum merkbar. Doch drückt sich in diesem versteckten Wuchern eine untergründige Hoffnung aus: denn schließlich werde Taubenkraut »über die wohl-

1 Theodor W. Adorno, *George* (1967), Noten zur Literatur, S. 528.

verordneten Gärten des Leviathan« wuchern, heißt es an einer früheren Stelle.

Dass der Autor in der Headline mit »n. n.« angegeben ist, steigert unsere Unsicherheit über ihn. Die parallelen Formulierungen im »te deum«, insbesondere »du bist«, sowie die vorgebliche Verleihung von Unsterblichkeit legen zunächst eine religiöse Anrufung und Preisung Gottes nahe. Erst in der folgenden Passage lesen wir die Auflösung, dass das »Du« die (kommunistische) Partei ist, die Pablo Neruda hier personifiziert, ja vergöttlicht. An einer früheren Stelle erwähnt Blankertz, dass Neruda 1953 den Stalinpreis verliehen bekommen habe. Wenn er die Passage der konservativen und heldenverehrenden Stimme des »Jüngerich« zuordnet, ist das einerseits zusätzliche Ironie, andererseits auch eine Relativierung der Kritik, weil die Stimme »Jüngerichs« durchaus auch immer dazu dient, die Größe der besungenen Person oder Tat jenseits ideologischer Kritik zu würdigen. Insofern können wir hier auch umgekehrt lesen, dass sogar einem treuen Kommunisten stalinistischer Provenienz die Spiritualität nicht abgehe, dass diese sich über die Hintertür einschleiche.

Die freirhythmische deutsche Übersetzung von Erich Arendt hat folgende Struktur: »Du gabst mir die Brüderlichkeit zu ihm, / den ich nicht kenne. / Du hast mir die Kraft aller, die leben, verliehen.« usw. Dagegen lautet das Original: »Me has dado la fraternidad hacia el que no conozco. / Me has agregado la fuerza de todos los que viven.« usw.[1]

Formal ist die Version von Blankertz also näher am Original als die Arendt'sche Übersetzung; »mir hast du gegeben« ist wort- und klanggetreu, fast interlinear. Es

1 Deutsch Neuwied 1984, S. 507. Spanisch Barcelona 2010, S. 459.

ist auch vom Akzent her nicht unbedeutsam, ob das »mir« oder das »Du« jeden Vers einleitet; im Original steckt mehr widerständige Subjektivität als in der Übersetzung aus dem Kontext der öden (oder wüsten) DDR-Literaturlandschaft. Die Verschreibungen dagegen verorten Neruda zunächst klar auf der negativen Seite, der Machtseite in der Tradition des Ambrosius: Humane Ziele konstatieren und die Macht zügeln, um sie effektiv im Sinne von legitimierbar zu machen. Die brutalste Formulierung findet sich im zweiten Vers: »mir hast Du gebündelt aller menschen kraft zu sieg und heil«, der zugleich den Bogen bis hin zum Nationalsozialismus spannt. Allerdings nimmt die Intensität negativer Zuschreibungen stetig ab, bis sie die läppische Wendung in diesem unseren Helmut-Kohl-Deutsch erreicht mit »mir hast du es aufgesteckt, das licht von dieser unsrer welt«, ausgerechnet in Vers 12, heilige Zahl der Jünger Jesu.

Der Schluss fährt noch einmal das ganze Arsenal aus der Blankertz'schen geistigen Waffenkammer auf. Von Hölderlin[1] bis Heavy Metal spannt sich das Himmelszelt des Widerständigen gegen die Verherrschung der Welt, aber die Kettenhunde der Hölle behalten die Oberhand. Denn das Volk ist Wachs in Händen der Herrschenden, die Honig ohne Arbeit versprechen, also die Bienenmetapher verbiegen. Dass es das Volk ist, von welchem der Honig der Arbeit extrahiert wird, um ihn den Herrschenden als arbeitsloses Einkommen zuzuschlagen, wer wollte es bestreiten? Dass das Volk es zwar nicht bestreitet, aber auch nicht sieht und immer weiter auf den arbeitslosen Honig hofft, macht es zum besagten

---

1 »Ist räthselhaft der Ruhigmächtige nimmer / froh (geneigt) zu Menschen«; aus einer Vorstufe zur *Friedensfeier*, gesänge I, S. 156.

ALTEGO:

nein nicht aus der feder [echtung: anachromistiges bild] von
Ambrosius stammt das dies so besungene >Du< bist nicht du
geschundener bruder jesus es ist die Partei Genosse pablo
hat dir diesen *canto* an den General hier leicht germannisiert
geflötet haß¿t du's so gewachst, o christe? räthselbhaft ruhig-
mächtig roh geneigt kettenhemden aus schwermetall des
himmels von der leine kettenhunde aus der hölle ketten los

JÜNGERICH:

Das Volk ist Wachs in waisen Hirn[d?]en.

KLINGE:

honig Ja arbeit Nein

DISCOTANZ:

pax romana
— sei —
wel†feind für alle

VORHANG

[Vorbehaltiger Applaus. & summend ziehen unsre Stimmen
sich aus; bloß die mänunlautlichen an.]

Ambrosius, S. 113.

Wachs in den Händen der Herrschenden, die sich darauf verstehen, es heiß zu machen und doch zu verarschen.

Eine Umkehrung des üblichen Einschlusses der Personen weiblichen Geschlechts im männlichen Plural: Unsere Stimmen ohne männliche müssen die Stimmen der Frauen sein. Die der Männer klingen überdies nicht; ihre Schneide ist so stumpf wie die Heldenverehrung von Jüngerich. Wenn die Entkleidung die Stunde der Wahrheit ist, das, was Adorno »das Paradoxon unsinnlicher Anschauung«[1] nannte, ist das eine schlechte Nachricht für die martialisch unlautlichen Stimmen. Ihnen mag nachhaltiger Applaus gelten, er wird jedoch nicht vorbehaltlos gespendet, vielmehr vorbehaltlich einer Überprüfung, »was die pseudowissenschaftliche Ideologie Kommunikation nennt«.[2]

WAS BLEIBT?

»Ohnehin ist das Fatale an der Interpretation von Kunst [...], daß sie genötigt ist, Befremdendes, indem sie es auf den Begriff bringt, durch bereits Vertrautes auszudrücken und dadurch wegzuerklären [...] ein Stück Verrat an den Konformismus.«[3]

In Brecht'scher Weise setzt Blankertz historisches Material ein, um Gegenwartprobleme zu beschreiben. Während Brecht jedoch eine revolutionäre marxistische Perspektive – die gute Masse versus das böse, bürgerlich-kapitalistische Individuum mit sinisteren Absichten wider die Masse – illustrativ als Agitprop in Szene setzt, bricht Blankertz sowohl das Idealbild der Masse zum willfährigen Wachs in den Händen der (zweck-)rational

1 Adorno, *Die beschworene Sprache* (1968), Noten zur Literatur, S. 536.
2 *Ästhetische Theorie* (posthum), S. 476.
3 *Rückblickend auf den Surrealismus* (1956), Noten zur Literatur, S. 101.

weisen, aber moralisch bösen Mächtigen als auch die Heldenverehrung: Auch konservative Kulturkritik, die gegen die Masse das von ihr unterdrückte Individuum als Träger von Kultur und Tugend in verzweifeltem Abwehrkampf hochhält, hat bei ihm keine Chance. Diese doppelte Negation im Interesse eines emphatischen überhistorischen Subjektbegriffs weist den Zyklus der »Callinischen Hymnen« als ein Kunstwerk aus, dessen aufklärerischer Gedanke nicht in Theorie gerinnen kann: Jeder Fixpunkt, jede Parteinahme sei Ausgangspunkt für die Rückfrage, für den Zweifel, der zum Verzweifeln treibt. Damit lösen die Hymnen das Diktum von Charles Bernstein ein, »die giftigen gesellschaftlichen Emissionen in etwas zu verwandeln, das sich atmen lässt«. Die giftigen gesellschaftlichen Emissionen verströmt der Zwang zur Parteinahme, dem Zwang, den praktischen Ausweg pragmatisch eingepasst in die gegebenen Bedingungen von Herrschaft und Gewaltpolitik zu weisen. Erst wenn wir uns diesem Zwang der *political correctness* verweigern, können wir intellektuell durchatmen.

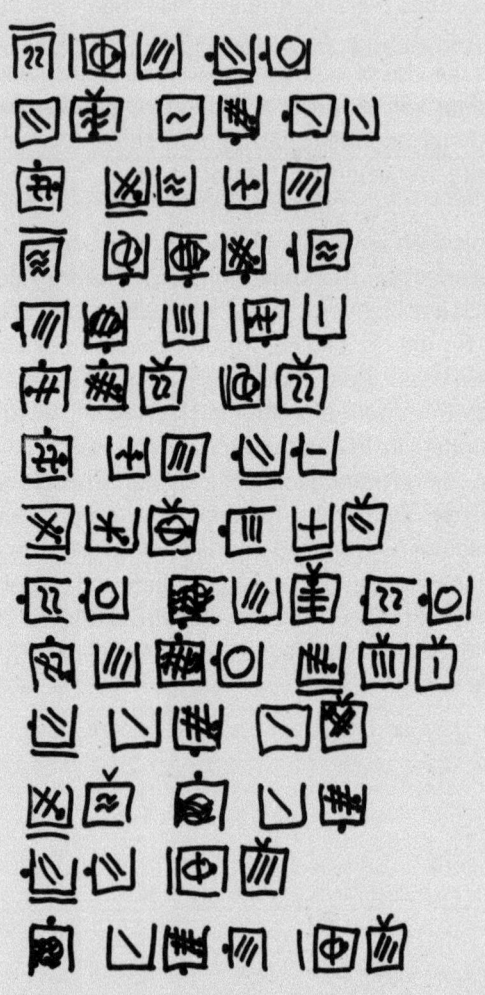

... aus der Innenwelt | Text S. 12 # 11

PERSONENREGISTER

editiongpunkt.de